JN239539

建築のときめき

土井棟治朗

創英社／三省堂書店

はじめに

本書では下記の内容・他を解説します。

1．上品の作り方
2．トーナメントと試合数
3．脚本（プロット）効果
4．科学は主観の客観
5．アナログ（状況）の効果
6．デジタル（数値）の効果
7．カオス（人間尺度）の効果
8．ランダム（自然尺度）の効果
9．無矛盾と多矛盾
10．恋愛の成立要素は責任と倫理の裁切り
11．フェティシズム（置換）の発展は感覚限界の補完
12．歴史は好みと記憶、流血を忘れる
13．フィルタリングの効果
14．物事の解は自然か自覚主役と2つある
15．人はなぜ感じるのかを知らない
16．言語は思考・意識の枠組みを決める
17．設計に正誤はない　優劣言えるだけ
18．終わり（ゴール）なき民主主義
19．体（からだ）の男・女は形・機能・位置・意識・脳は繁殖優先に成長する
20．名建築の要素
21．質量・情報の意味
22．雰囲気は生体心理
23．クオリティ・オブ・ライフ
24．流木拾いは日本、自穴掘は欧米

25. 夜が暗いのはなぜか
26. 「$E=mc^2$」は同時性仮定
27. バックステージとオンステージ

上品とは下品でなく、独自の雰囲気で他人と比較し好感が多い場合を言うと考えている。女優で杉村春子の後姿は品格があり、彼女は舞台空間も上品に固めた。視覚の客観と明示を訓練し意識差を創作した結果だ、始めから在るものではない。現代は聴覚機器発達で発生音色も判別できる。「愛してる」と言っても、独身者の声に味はない、相対者が居てこそ味は現われるからである。

上品は人口淘汰で「しっぺ返し（仕打ちの仕返し）」の勝者の行動か性質によるもの。トーナメントの優勝者だ。対戦者の使った方法の模倣は協力的で否、上品に勝てない。下品どうしは互いに安全で伸びないから「しっぺ返し」で勝者となる。これは個人の場合だ。ところが集団全員で勝負をするとこの戦略もうまく出来ない。集団では双方が仕返し合えば、どこかに隙が現われそこを狙えば勝つ。敵討（かたきうち）である。上品とは過程ではなく結果、エネルギー効果であり、銀座の街デザインのバックステージは優劣とは別であるが、それを混同する者は多い。訓練を続ける価値は体得と反射神経の脳活性だ。科学・理論では逆説となる「仕返し」は社会的最適戦略と信じられている。

用途の効果は使用する人の「価値感」であるのは太古から変らない。前案・既存否定と類似を改良し有効性を高めて内容を変え、欧米思考の無矛盾（原理の知識を本質）系分析も限界があると判明した。核兵器である。対照の多矛盾（有用の知覚を真理）系のリダンダンシー（redundancy・冗長性・ゆとり）の応用が日本の木造で、乾燥し収縮することで係数不能のためパソコンが使用不可能だ、しかし千数百年前の建物も現存している。進歩とは障害も同時に起こり両刀論法となりうる。ハムレットの「To be, not to be this is the question」（存在するか存在しないかそれが問題だ）と中性子性となる。（シェークスピア・1564 ～ 1616・劇作家）。近代性は「最小作用で最適化」となった。最大多数の最大幸福は名言でも現実的でない。民主主義国家とは作品としての国家でゴールはない。現代は統計と確率から期待する。欧米学者は「本質感覚」（硬そう）を好む原理性の知識である。日本人は徒弟制度から体験知の「知覚感覚」（丸い）を好む真理性だ。災害多発の環境は強烈な感覚・感情となる。攻防主体の欧米は自穴掘のブレンド型。日本は流木拾いのブランド型だ。衣・食・住での生活状況は同じでも背景は外省と内省の二つある。現代は交通発達で流木拾いに島国からでかける。

CONTENTS

第１章
建築序論

１）意識　consciousness

「あれが我が家だ」と見える場所へ来ると心が和むのは、帰巣本能である。思い出すのは困難でも再確認は簡単で、記憶は灯台効果である。

鮭や鳩なども帰巣本能は強い。地磁気への反応の発達といわれている。地磁気は太陽風と作用し、地球極地にオーロラを発生させることで知られている。

人間は、建物の消滅地を訪ねて郷愁を感じる。「何を見ても何かを思いだす」と、意識の再生についてヘミングウェイ（1898 ～ 1961）は言った。言葉より先に、気配が意識に反応する。

昔、夜の山腹に提灯を立てて、水路の高低を確認した。光の扱いの発達した現代では、レーザー光線を用いる。レーザー（laser）とは鏡面の反射による増幅光であり、小孔から赤外線レーザーを放射するリモコン（遠隔操作器）は、テレビ番組切替用として各家庭にある。プラネタリウムの星座の位置も指示できる。実用化は1960（昭和35）年で、わりと新しい。

「新しい」とは、独立した構法の組合せのことをいう。建築とは空間と場所の設定であり、物質の特性の構成と結合が建築技術である。レーザー技術にも用いられた多様な鏡効果は、「類似と対位」として建築にも多く応用される要素で、ギャップと印象を強めている。

意識計測は原子の励起であり、例えば、レーザー光線の散布照射によって水素を振動させ加熱する「電子レンジ」として台所にもある。

アポロの飛行士は1971年、月面に鏡を残し、地球からのレーザー光線をはね返せるようにした。地球に光が戻ってくる時間は1.188～1.356秒である。光速30万km／秒として距離に換算すると、35万6500km～40万6800kmの間を行き来する。月の軌道は楕円で、地球周囲4万kmの10倍位離れていても地球海面の干満に影響する。

庭にある竹筒に水を流し入れ音を出す「ししおどし」は発信機である。水を満たすと端が下がり流水し、後端は石を打ち音を鳴らす。庭に迷い込んだ動物を脅し追い出すものである。現代では水がブザーや電灯、防犯カメラとなり、電磁力で気配に反応するようになっている。主観（現実と明示しつつある）の共感は、客観（明示された）の情報に置換されて伝達される時代となった。厳しい環境を物体や機器で囲い、生命を保護するのが建築で、囲う近代材料や諸設備との結合は現代建築となった。最小作用での最適化が目標である。環境・伝統などで差異があり、内容も変化するため、定説はなく大枠となる。

情報には質と量とがある。質のよい情報はすぐ役に立ち、そうでない情報も量がまとまると大きな価値となる。人は性別と加齢、個人と社会の型を基幹に互いを類別し、相互関係維持は言語と経済を媒介にしている。住宅が集まり都市となる。自己意識は、外部情報と内部情報とを擦り合せ、共感を誘導する。選択は、計画（plan）・実行（do）・見る（see）・評価（check）で決まる。不足があれば改善（act）だ。情報感知で心に響き、励行するのは「カンの良さ」であり、意識は小から大へ向かう。コンピューターは発達しても情報の予想・兆（きざ）しはできない、それは人間脳の分野となる。

情報の処理能力は「センス、上品、高質」などとは別次元の内容である。一流の内容には共通性がある。カドが取れて丸くなると書き出せるが、方法は独立した構法で、各個性と相性があるか否かで探索を目指す。効果は「自己相似性」を核とし巡回する。人生は一度だけだからだ。無意識の反力もある。集団意識は要素が多く複雑となり、人の感覚認識は一つだけであるからレプリケーター（複製子）とパソコン内の大量情報態の大型の現実は複数の世界の理論であるとされても、そこにおける実行はただ一つである。レプリケーターは「感覚状況（P145）」に解説してあり「同時性」の覆蓋である。まず事柄の重要性を知ることだ。

2）発生と消滅　occurrence & disappear

人類の発生は約500万年前、南アフリカで尾の無い類人猿のゴリラやチンパンジー類から分岐し、住家を自作した。移動をして全地球上に散在し、生活としてのすみか、日光、食糧、性的伴侶などを獲得し生活している。古くは人類も他動物同様、狩猟採集生活であったが、約１万年前に食用植物の栽培を脳活動で発見した。作物管理のため定住生活を発生させ、土地からの生産性をあげ、食物保管庫を作ったのが建築の始まりであった。これによって人類は他動物との食物連鎖のくびきから逃れることができたのである。

今日は多様な努力の結果、物体から精神までに発展した。氷河期が終わり、植物発生が促進されたからである。それまでに４回あった氷河期は火山噴火や流星の地球衝突などで地球面が火山灰などに覆われ、表面が冷却されたことによる。それは地質のボーリング調査で判る。地球上で人類は意識と行動をコントロールに努力し生き残った。小は家族、大は国家となり、環境に適応したものは残り、不適応なものは消滅していった。

しかし、人類のすべてが同様に発達したわけではない。狩猟採集生活を現代でも続けている人々が、南国・アマゾン川源流の密林にいる。

原住民が原始的生活可能なのは、周囲の環境が生活の「衣食住」を充足させているからであり、他からの病原菌感染の侵入を防護するため、一般の人々の進入は禁止されている。

記録された人間最古の歴史は、BC4世紀に西南アジアのチグリス川とユーフラテス川の間に発生した古代メソポタミア文明で、粘土板に記録された天文学記号が現存する。日本では9千年位前の土器が神奈川県横須賀の貝塚から1951年に発掘されている。

宇宙発生は138億年前、地球発生は46億年前であり、その間に無数の動植物の発生と消滅があった。地球そのものも有機的生物とし「リサイクル」（再生利用）は始まった。1979年、イギリスのジェイムズ・ラブロックの地球は有機的組織体であるとの理論。リサイクルの概念は、レイチェル・カーソン（女性）が1962年にDDTの殺虫剤は全生物に有害であるとの指摘から始まる。化石などで一部は分かるが全体は不明だ。生物が生き残る基本ルールは対立をなくすことであり、人類は何をどうすればいいのかより、どのように変えられるかという未来性を選択したので存続している。

3）置換　fetishism

建築はすべて人間生理の代役と置換される。心理は色彩、相性はペット、体の特徴はスポーツとなり、心象性のふるさと郷愁、観念性のランドセル期待、身体性の自転車乗体得である。発声は呪物（じゅぶつ）や霊力、声楽へと発展した。物体信頼の執着は欲望となり、文字や物々交換の経済となる。類似と対位の比較だ。さらに本来の価値以上の執着となり、願望の発達は情報を媒介とし、資本主義と努力は見せないバックステージだ。

語彙（ごい）（vocabulary）と言葉の範囲内では、事物や状況なども修辞的に置換される。関係や立場で応用は多い。性格、関心なども連想され文学となる。言語は思考・意識の枠組みを決めるからである。

日本語は会話用と記述用に聴覚と視覚差が強く、日本人制作の法廷映画(映画上映化)はあまり多くない。単語の一語換えで意味は換わる。居住地域でも違いがあり、「村娘」・「町娘」で判別できる。表意文字の特性で、欧米の表音文字は多様拡大と対称であり、日本では文化にも影響しカタカナ語は増加しつつあるが、背景には置換の過程がある。応用は便利だ。映画は脚本で動きが主体、映画の原作は背景の詳細が主体で表現の差が発生する。プロセスで効果は多様。凝縮し主観(現実と明示しつつある)と客観(明示された)と大枠分岐、枝葉は無数。読む人の意識で受け方は異なる。思弁より活用・実践へ変化と現代は多い。ゲーム論はパソコンと発展し小型携帯は世界中に拡大した。言葉は分解され知らなくとも映像で連想できる。しかし文字は残り映像は消滅。この意識差が賛否を左右する。バックステージである。

4) 過程　process

物体があれば物体の物語がある。記憶だけでは古くなり忘れるから、物語と脚色は多く、名所は物語で固定される。人間も「幸福な家庭はすべて互いに似かよっている。不幸な家庭はどこも不幸のおもむきが異なる」と、トルストイ(1828 ～ 1910・作家)の『アンナ・カレーニナ』の書き出しにある。社会には得るものと、失うものがあり、すべて完璧はあり得ないことを示唆する。また、彼は恐妻に悩むが、彼女が普通は気付かない事柄を発言することには「流石(さすが)」と気付いた。ではどうしたかというとこれを作品に置換し、名作となった。

建築は日進月歩であと戻りしない。民族には形があるが、習慣には形がなく、「民俗」というしばりで固定し民俗学となった。理論は一方通行で戻らず、優れた理論が現われると古いものは消える。文系では熟成の新語が現われると比較し循環する。発見の強調で正誤は別だ。建築と童話に共通するものは、興味のギャップと共感、意向の動機因と効果の目的因で、過程に定説はない、独自性である。

出来事とは、常に多くの一連の出来事の変形として起こっている。過程は走り幅跳びの助走路で、踏切のバリア(障壁)がある。社会現象や文化の構成には意味があり、固定された知識を多く知る必要につながって、ひとつ知ると５つも疑問が現われる。

思考は自由であり、結果として感想となる。マスコミのニュースは多様でも基本的に中立で、味付けは受けた当人が行う。意識とは五感である。光には、可視光線と虹の７色、他に見えない赤外線や紫外線もあって、暗闇でも夜行生物は動き回る、光線意識に人と違いがあるからだ。

人間も光を見ていないのに色つきの夢を見る、経験の抽象である。文字を音波に置換する「見せる耳」は開発され、聴力障害者の発声訓練を助けている。いろいろな過程は多様な器具を媒介し、意識・置換(『展覧会の絵』という曲がある)・制御等で体験する。刺激は取り込みの結合型と、集団への発散型とある。自分の記憶や経験に気付き、興味を増殖し、自発の概念やアイデアとなる。建築は確率と統計で計測された物体を実現する。発想に数値化で調整された物体と客観視だ。

5）再生　reform

神話の共通性は、超現実の再生である。思考のWhat・Why・Howの内容を覆蓋する。近代以前は寓意や宗教的教化の目的が多い。その後視覚的かつ感覚的メッセージの伝達を重視したのが近代以降のアートの最大特徴で、それが現代で深層心理に移行したのは写真には敵わないからだ。表現場面も、我々の世界と隔たりはない。要素は、省略や誇張と多様な心理と生理を置換と転写する意識的ギャップとなり、機械と人間技巧の融合となった。いくら変えても人間から離れられなく他動物の用途には不全で、時間と空間、質量と力、ニュートンの重力法則「慣性・加速・応反力」の概念で現象は説明できる。単純に、二つの物体は相互に引かれ合い、力は物体の質量に積と比例し、隔てる距離の２乗に逆比例する（距離が２倍で引力は４分の１）。文字どおり普遍的で、要素を変えると再生効果も異なる。干満、日・月蝕、人工衛星の位置も決定できる。

近代性とは合理性の「論理」、機能性の「態様」、経済性の「交換」となった。

自然は人間に無関心で、人が考えるフェアプレーはない。自然を人間用に制御するテーゼ（these・主張）が建築の主題となった。合図のため電気・電話、移動の車・飛行機、視覚のパソコン・Ｅメール等の効果と組み合わせて、暖房は化学、物質持ち込みは摂食、分配は血管、中央制御システムは脳、部分制御センサーは感覚と比較対照され、不適消滅は鮮明である。条件は共感。知識それ自体に価値はなく、応用で役立つなら真理である。効果の累積の知識自覚は本質となる。

海上で状況に最適と舵をとることをフィルタリングと言う。情報収集が決め手となる。消費に備え、貯留も状況は刻々と変化する。系の状態は常に絶対確実とは限らない。応用数学では、確率制御の確率論と重性ツールとなる。現実は置換再生でオートメーション工学の最適化へと発展した。知覚の感覚（真理直感）でリンゴは「丸い」となり、知識からくる原理（本質直感）で「おいしそう」と思うように、知の領域もフロイト（1856 〜 1939）の関心とユング（1875 〜 1961）の才能で、外省と内省の二つがある。再生も二面あり、多くの事柄は相対的に向き合い、その相関として一方が変われば他方も変わるからだ。

6）存在　to be

現存する建造物で最古の実用的なものは、イギリスのソールズベリーにある石造のストーンヘンジで、BC2600 〜 1700頃に建造された。天文と気候の春分と秋分、夏至と冬至など、太陽と月の動きを観察する遺構といわれている。農耕と気象の関係性は呪物にあり、木・石などに模倣し意識を支配した。日時計から始まり、木造のものは腐敗で消滅したが、基石は残り、世界中に多くある。現代では光学媒介と望遠鏡や顕微鏡などに依存する。（P127）

人間に「何が利得で、何が損失なのか」の認識と、「建築空間」の質と量、それらの限界は現代も探求されている。その条件は「存在」である。生存競争の結果は「適者生存（survival of the fittest）」で評価基準は「適応度（fitness）」である。より適した者がよりよい者、より優れた者、適者生存、不適消滅と相対的の結果、より適した者だけを残す最適化問題を解くこととなる。生き残った者が優れていると歴史は示される。これに正誤なし、優劣が言えるだけ、存在しなければ不明だ。グー・チョキ・パーの強弱論理で相手の心は読めない。

人の気持ちが考えに作用し、存在となる。気持ちは居心地が悪いからだ、関心は「どう感じるか」で「何を考えるか」ではない。考えやアイデアは落ちつかせる。考えが言葉に、言葉が行動になる。行動は習慣に、習慣が人格と、人格がさだめ（運命）となる。基本は思考で知識と観念の期待、心象は印象、身体で体験と進む。

現代哲学は「何をどう考えるか」で中味ではない。日本語では「了見」（思案・意図）という。科学は我々に長寿と豊かな生活をもたらしたが、どう生きるべきかは教えなかった。文化とは良いものをいう。初期は稚拙、中期は模索、後期は成熟、末期には別案と換わる。完璧はあり得ない、意識尺度の違いである。人生とは長い物語でチャリティー（慈善）を持てるかで意識は決まる。

心に響く感性で、建築の存在表現は知性の累積。分析し、技術で実現する。素材のこだわりと、形のこだわりとがある。物理性（physical）と心理（mental）の融合は雰囲気（atmosphere）と表現できる存在で、集性特値（parameter）となる。単純に言えば、立面で見せ、平面で誘導し、断面で体験する。quality of life（生活の質向上）である。

建築発展図（P151）

1. 自然利用

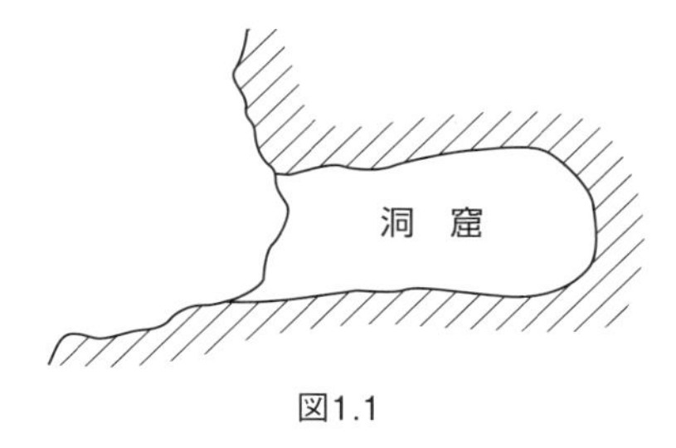

GL：敷地高さ
FL：床高さ
RL：道路高さ

図1.1

2. 風雨回避

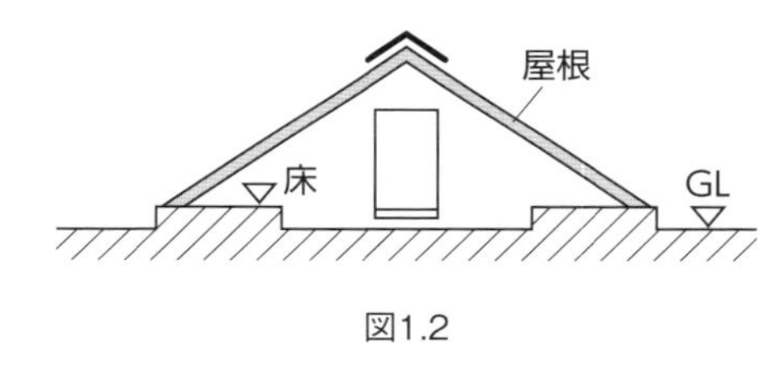

図1.2

3. 空間構築

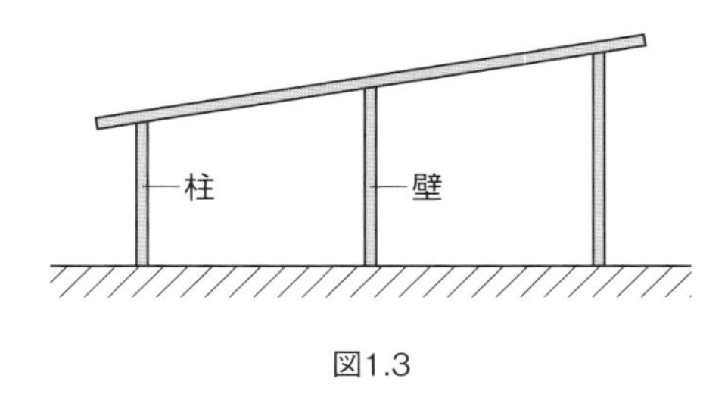

図1.3

4. 湿気回避

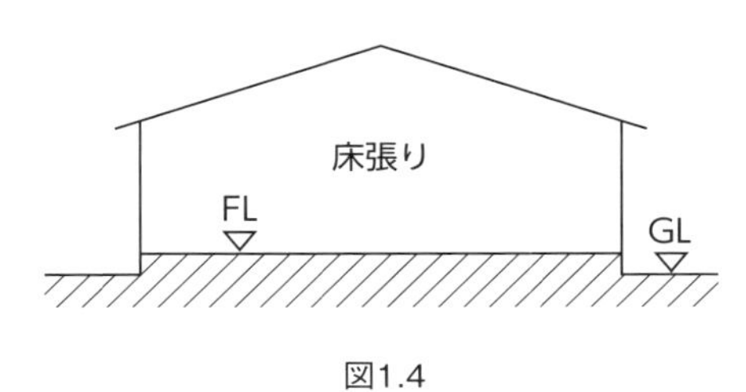

図1.4

5. ほこり避け

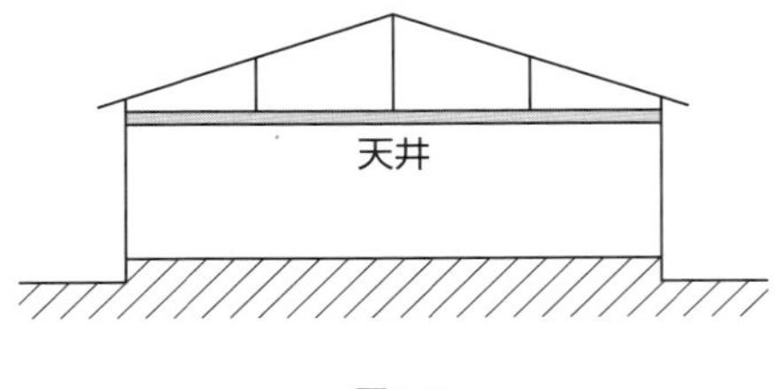

図1.5

6. 調理場壁

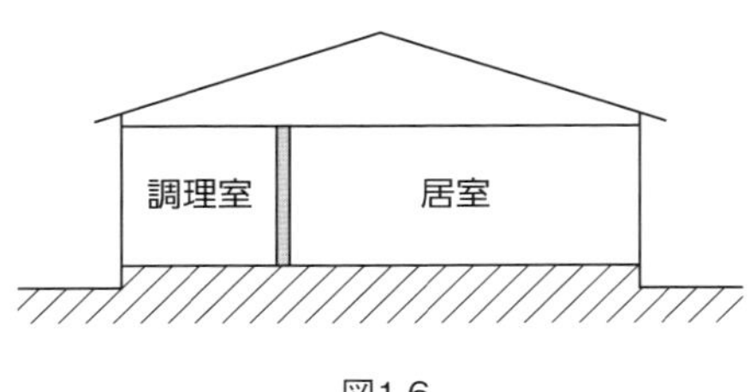

図1.6

7. 境界設定

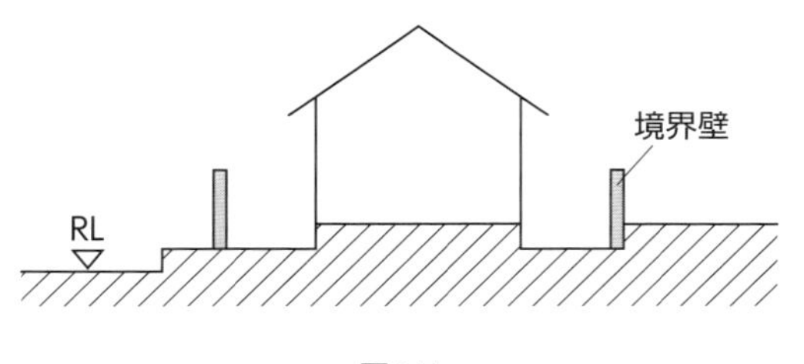

図1.7

8. 多層構成

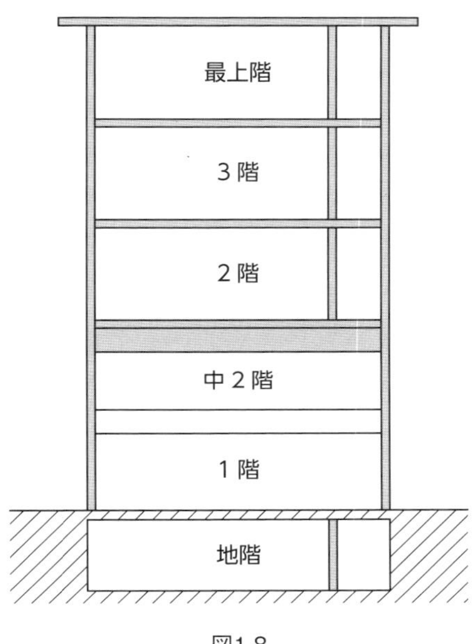

図1.8

9. 巨大化

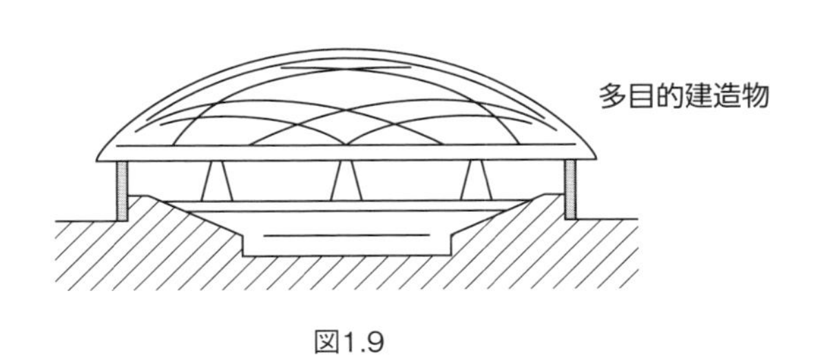

図1.9

10. 専用用途分岐

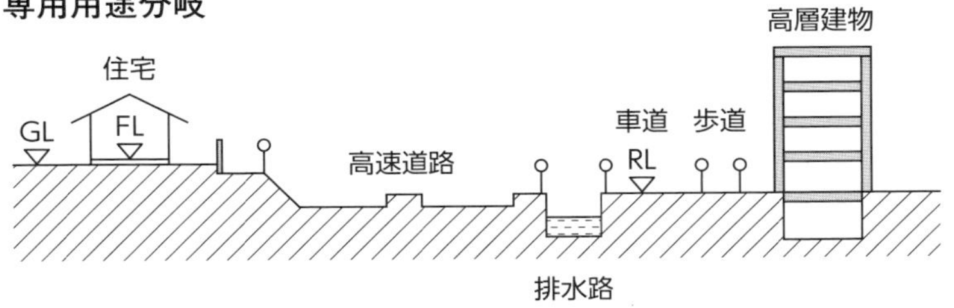

図1.10

11. インフラ整備

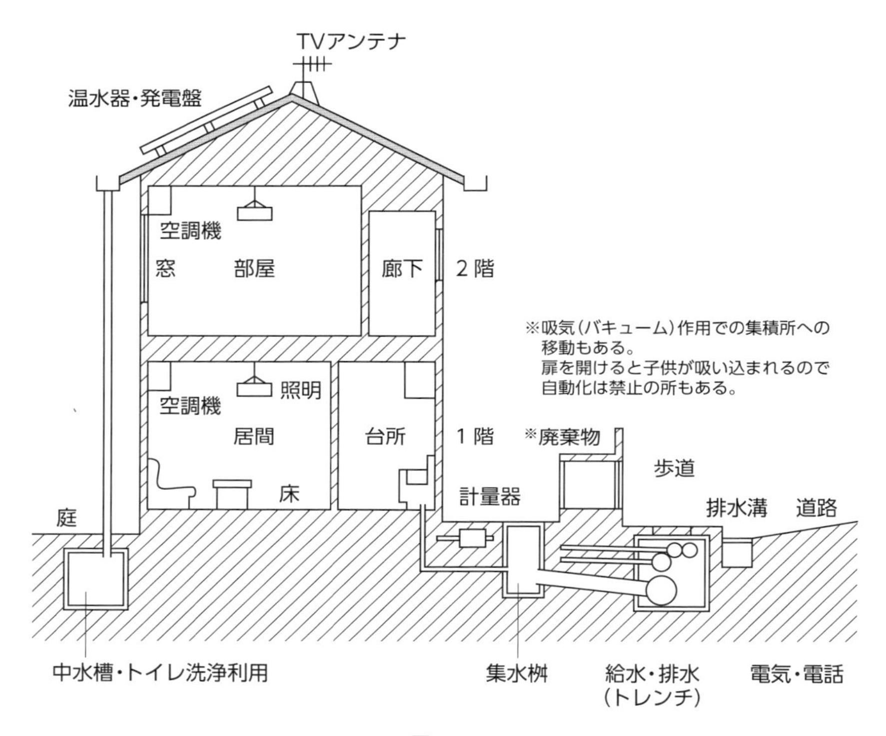

図1.11

第２章

建築強度

1．建築強度　architecture construction power
　建築は物体の強さ、作用する強度を応用して造る。物体は質と量に分かれる。質とは良い内容でそれだけですぐ役立つ「真理」(知覚感覚)、量は質がまとまると別の大きな価値で「本質」(知識感覚)。都市となる。

2．宇宙は基本力４種。すべての物体は、①電磁力、②重力(引力)、③強い核力、④弱い核力の作用を受けている。

3．建築に作用する架構力３種。①重力の自重力と荷重力、②地震力の横揺れ、③風力の風圧力と吹き返し力である。

4．建築部材に６種。①応力、②反力、③引張力、④圧縮力、⑤剪断(せんだん)力、⑥曲(ま)げ力だ。

5．建築に作用する項目には単位があり、主に、①熱、②長さ、③面積、④体積、⑤質量、⑥動力・馬力、⑦角度、⑧時間、⑨空気・温度、⑩光、⑪水、⑫湿度、⑬波、⑭電気、⑮色、⑯アナログ・デジタル・カオス・ランダム、⑰視・聴・感覚などである。近代は単位で示された。

1）建築強度　architecture construction power

宇宙の万物は時間・空間・原子でできている。原子は陽子のプラス電荷、電子のマイナス電荷、電荷的に中性子（±・プラスもマイナスもない、記号は「０」ゼロ）の三要素を含む。プラスとは反応が発生、マイナスは逆の消滅、中性子は状況次第で変化する。原子の種類を元素といい、自然元素は92種、人工の元素は高速炉で作り、数百ある。物体は固体・液体・気体と変化は原子論で説明できる。

１．原子（atom）はアルファベットで基本体。
２．分子（molecule）はアルファベットを組合せた単語。
３．物質（matter）は規則的並列の例文体。
４．物体（material）は多様な意味と例文群の文章。
５．ページ（page）は文章で内容明細の文章集。架構。
６．本（book）は文章の集団で構築体の建築となる。

原子は実験物理学と認識できるが、より微小の素粒子は理論物理学で量子物理とする。（P80「物質理論図」）理論物理の質量は動きにくさを指す。質量と重さはイコールではない。情報も正誤は別で、質のよい情報はすぐ役立ち、量がまとまると別の価値となる。与えられたものと自発の情報は異なる。「$E=mc^2$」は生態にも応用され、「アリーの原理」・「ガウゼの法則」・「ラブロックのガイア理論」と発展した。建築都市、分散、地上生命環境や「ルシャトリエの法則」・「オルバースのパラドックス」も同様だ。

物理的に「原理」・「法則」・「定理」などの決まりごとができる。原理は理論の基礎で証明できない、基礎的な出発点が不明だからである。習慣的に用いている。法則は原理を例式で表わす（$E=mc^2$）。定理は法則から導き、公式 $(a+b)^2$=「$a^2+2ab+b^2$」が一般的である。これは置換であり解は主観と客観との２種だ。例えるなら、美人も平均は美しい。

しかし最高美とは違う。

物理学の法則は数学の確率と統計に依存する。アイデアと概念を論理の数値や幾何学で示し、感覚の証拠をもとに物体と出来事を判断する。思考・感想は言語で伝達する。気配は切迫反応で行動となり意識に変わる。無意識でも一瞬で変わる。緊張や気配も伝染する。同時性仮定と脳が思い込まされるのだ。自発的切換えは発声で励起する雰囲気力だ。言葉とはその社会の中から発生したもので、自作ではなく模倣である。古代、物質は「土・空気・水・火」でできているとされ、その概念は二千年も世界を支配した。16世紀の望遠鏡の発明で、観察により近代科学が始まり、コペルニクス(1473 ～ 1543)の地動説で世界の概念は変わった。近代思考と単位の背景である。

建築を新しく造るとは要求に合わせ独立した構法と「想像力・個性・感覚」で組み立てることだ。21世紀のエレクトロニクス(electronics・電子応用工学)時代となり対称語は増えた。物理は確率と統計、化学は原子を結合の手で融合、分子構成し物質化したが、イノベーション(技術革新)で異なる状態変化が現われた。利便性は汎用化と社会現象となる、薄型テレビ・携帯電話・ラジオ・パソコンなどの普及因子により、地球を見渡す人工衛星で全世界の情報を家庭で見ることができる。

これらは半導体元素で元素周期表の中に12ヶ所あり金属と非金属の境にある。(図2.1)応用は金属(延性・展性)と非金属(金属の逆説)の両方のふるまいを示し広範囲にわたり、半金属と言われるのが8ヶ所ある。

1920年代に半導体(semiconductor)の鉱石ラジオに使用された。半導体は電気伝導率絶縁体に近く、金属と違い動き回る電子は少数で原子から原子へ

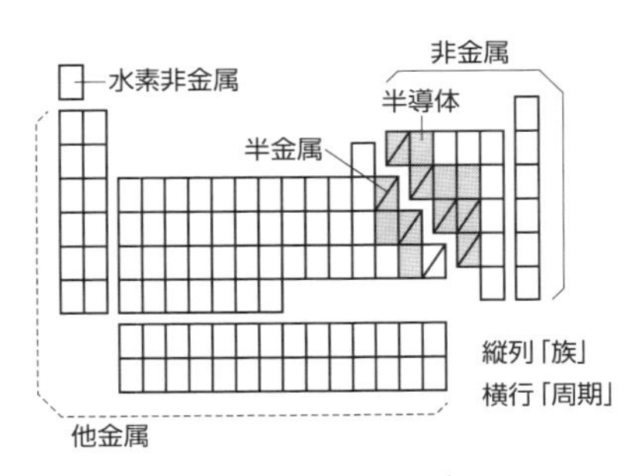

図2.1　元素周期表

飛び移る電子のくしゃみのようなものだ。残る「正孔」は伝導が変わり電子を制御できる。これは産業の急速大成長につながった。小時間で大量変異し高周波に対応できる。高周波は周波数（1秒間の振動数）10億ヘルツ以上「マイクロ波」領域に入ると波長は回路基板大になり、誤作動する。部品・回路・経路を小さくしなければならない。電子レンジ原理である。トランジスタ（シリコン・珪素）（tran-sis-tor〔通る・ロープ・でこぼこから造語〕）など半導体の特性利用の増幅・検波・発振器で情報産業は発展した。利便性の正と同様、障害の負も発展し、対称（上下・左右の調和を保つ）の物理性・対照（類似を比べ合わせる）の心象性・対象（目標・相手の様子）の観念性と判別は環境や立場などで差があり、正誤・優劣は異なる。プラトー（plateau・高原状態）は確実、スクイズ（squeeze・妥協できるもの選択・原義は「絞り取る」）は当事者次第となる。野球のスクイズバントはその例だ。評価と対応に最適は、不明の要因ともなり得る。分子の単語と、物質の例文体に新要素参加であり背景にプラグマティズム（活発動は生活実践に役立つ思想）があり、クオリティ・オブ・ライフの具体化変異である。

2）宇宙の基本力４種

①電磁力　electromagnetism power

光は電磁力の波状内の一部で可視光線、代表波長0.0000005m。７色が含まれ虹（にじ）に現われる赤橙黄緑青藍紫だ。（図2.2）

電磁力の全体は見えない。電磁波（electromagnetic wave）に換え説

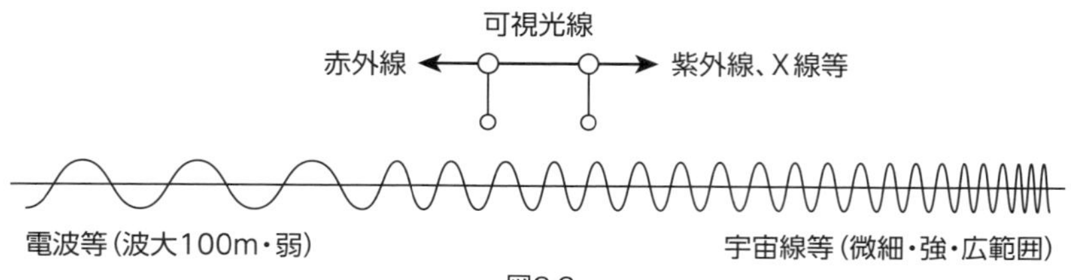

図2.2

明される。周波数(毎秒の波数)で状況は変わる。振り子を横にした見方で振動する物体。例えば、ビリヤードの振れの両端は位置エネルギー、メトロノームの中間は運動エネルギー。光は電気と磁気間のエネルギーの振動で電磁力＝電磁波は光子素粒子((±)と記号化)で伝達(電磁効果共通)。

光子
電子
図2.3
ファインマンのダイヤグラム

電磁力は電子が相互に光子粒子を交換することで生じる。巨視的物体で位相(topos・原義は場所)の重ね合わせ((＋)と(－)でゼロ)で経路位相(phase・相・物質の固・液・気体等)の同方向は加算、それ以外は相互消滅で、確率高い経路の直線は残るからだ。光路は作用量が最小路、芝生踏跡、ラグビーボール反動も同様、予想外もある。物々交換は経済、効率理論も電磁力効果理論と同じ。①「するとされる」能受アクション、♂♀も、②次は成り行き次第、そして③シタタリ落ちのトリクルダウンと幻想・期待感で変化する動態原理。正(＋)進化と負(－)進化、発展も同様。not・or・and。to do seeのサイクルである。

電磁力は男性意志的と、女性受容的。電束は大から小へ、光束は位相最小路変化と特性が類似、見えない事も予想できた。見える男・女体は形・機能・位置と、見えない意識・脳は繁殖優先に成長する。背景は動植物発生の任務と同時に繁殖の使命を負うため他動植物を食餌としての戦いで相関関係となる。具体的に熱と力は大から小へ、動植物生態意識は小から大へと成り、途中で衝突しエネルギー差で最適は残り、不適は消滅となる「自然淘汰」。動植物は環境特性に長時間かけて最適を育成し存続となる。元素多原理である。人間は元素特性応用と「人工淘汰」し「最小作用」「不確定性」「共通善」と置換した。電磁波の通過のあとは無数の新振動(岸打つさざ波)は残るが相互作用で打消され、広がる波頭だけ見え波底は見えない。視覚限界だ。粒子は常に加算、波は消滅へ進む。光は波であり粒子でもあるが、(＋)と(－)違いを持つのが光だ。電気は熱・圧力・光・電磁力・磁界から作り出せる。5種は電磁力効果だ。磁場で電圧(こする)、電荷で磁場(動く)、磁力と電力の合成で電磁力。効果前の発生能力プロセスを「エネルギー」と「造語」した(このプロセスを言語化し現代哲学は「今何をどう考えるかで中身でではない」・「了解」となった。)中身は電磁力作用で高速のため自力と錯覚している。思考活動態フィルタリングである。単位はジュール(1818 〜 1889)の名前である。人間も食物から得る化学エネルギーで動く。夜に眠るのは酸素補給が目的。あくびも同じ。人間思考と行動はこれが難しい。互換性で中身別だ。

組み合わせと電速応用は多様な電子機器となる。WhyとHowと理論化は社会性となる。理由は人命短く自然適応(繁殖)で消滅回避だ。実行はただ一つだけであるから、複合体で強化追求となる。人体自身が最小で最大効果と電磁力化だ。フロイト(1856 〜 1939)は「関心」で、夢は経験の抽象、美・幻想・精神は質量除外と分岐した。思考は推論と数学の間で哲学。論理化不能とした。行動との結合がニーチェ(1844 〜 1900)をして「神・宗教」は「奴隷道徳」とし、デリダ(1930 〜 2004)は時間と結合し、軸抜き立体交差とした。どちらも発生プロセスの「エネルギー」で互換性は隠されてあり分野差だ。

・日本人は仮定に弱い。「$E=mc^2$」は「原理と応用」で両端の「動機と効果」を外した。
・夜に眠くなるのは酸素補給が目的、アクビも同様、終わると同時に深呼吸発生。autophagyだ。
・哲学は論理化不能の背景。静・動・半転の三要素で状況分析から概念は方向変更となった。現代は多様に現われた。同時性仮定表現と予想不能をデコンストラクションと、デリダは不能の構築、バイパス論をテーマと立体交差とした。
・コペルニクスの主観と客観はウラとオモテと分岐し、空間と時間に置換されたフェティシズムとマルクスの執着・執念である。電磁力態は人間意識の中にも作用し特性は言語化されてある。
・1000万分の1秒で変化する電子機能は思考時間の限界を消滅させた。

②重力（引力）　gravitation

地上物体が地球中心に向かい引きつけられる力を重力という。重さの程度だ。物体成分で物質（material）の量（mass）を意味する。星は空に浮いて見える。他の星との関係性を引力とし、バランスを取っている。星の質量大は質量小と差がある。力は引き付ける力（power）で、「する」と作用し相対的に「される」との一組となり重力波となる。鉄と綿では状況は違うが作用効果は同じにできる。

宇宙の星の間は引力ともいうが、質量と近接連星・パルサー回転微振動波の力発生を「光で空間がゆがみ生じる重力波」とし、空間が曲がり、光（光は秒速30万kmで視覚不能―特殊相対性理論）もそこで曲がる「重力レンズ」とゆがんだ空間が巨大な虫眼鏡のように動き宇宙内の重力が発生する。地上では（図2.4）エネルギー（圧力（動）に勝てるのは速度）であり、宇宙では重力レンズとなる。具体的にトランポリンのハンモック化の仮想膜沈みと、エネルギーだけ移動するビリヤードだ。質と量とで状況は変わる。地上では主観の重力、宇宙内では引力の客観と設定する。物を持つと重い、内耳で平衡の水平と垂直、運動と速度、重力の強弱を感じ「意識レンズ」とする。gap・parameterとデジタルも、響き・驚き・刺激（外省）や美・幻想・希有（内省）なども脳内微波といえる。

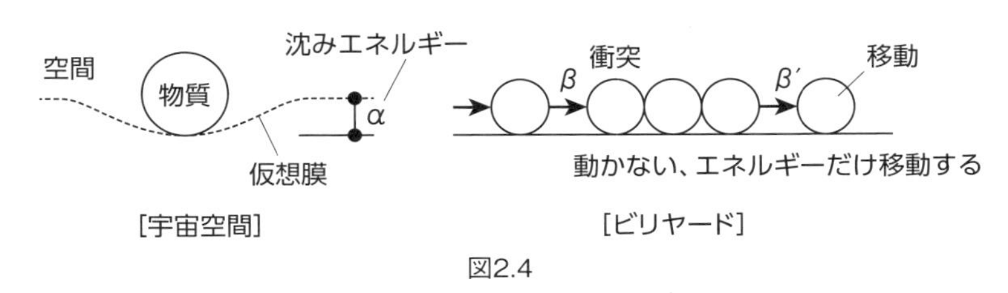

図2.4

建築評価は視覚だけの強調と逆である。力は使用（人体力の応用で可能）で感じとるものであるから体得である。

物事の「動機・原理・応用・効果」の原理と応用と仮定で同時性を設定し「能力を「$E=mc^2$」とエネルギーと万物に応用できる」。アインシュタインは公式化した。エネルギーは造語、mは質量、c^2は光速で見えない。1905年に「特殊相対性理論」、1916年に「一般相対性理論」を発表した。

近接連星（火球）が時空内に揺れ「波を起こす重力波・重力レンズ」と重さ（じゃまする質量となり重さ発生・引力）、パルサー（中性子星）の回転である。新星は新しい星ではなく、近接連星の燃焼体だ。

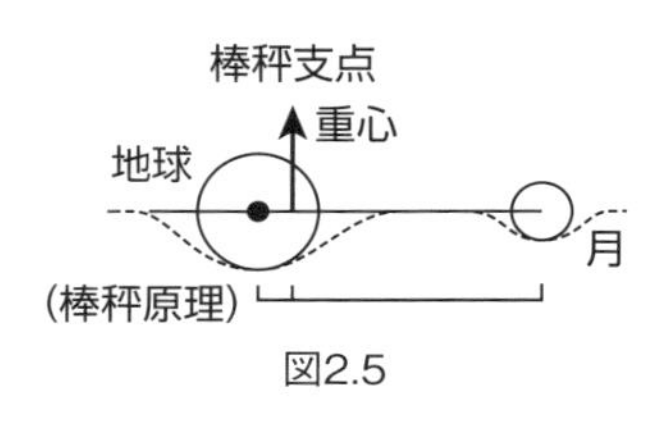

図2.5

月は地球の衛星で常に同じ面が地球に向いている。地球家族で遠いが、地球中心に落下状態である。月の質量は地球の１／６で、相対の重心は地球内にある。（図2.5）仮想膜沈みが釣り合うからだ。

宇宙空間で星集団は銀河、銀河団と集結している。宇宙全体は銀河団相互間にボイド（void）の隙間があり、全エネルギーの68%ある。1964年に電磁波でウィルソン（1936 ～）とペンジアス（1933 ～）に発見された。宇宙全体にも重心がありバランスをとっている。そのために膨張中とハッブル（1889 ～ 1953）は宇宙にドップラー効果を応用し原理とした。

宇宙は138億年前に発生し、エネルギーは物質に転化され、空間にガス雲が形成、星と銀河が生まれた、暗黒物質のボイドを挟み斑（まだら）である。存在とは有と無の並列合成となる。分岐し別要素となり、再分岐は無限だ。変化とは重力態にある平衡状態から別の平衡状態へと移行過程とする。建築も同様に、常に変化平衡し新しい文化の発生因となる。

・天の川で無い所から見えないが巨視化で「存在」、宇宙内は配置物。巨大思考だ。
・宇宙膨張のなぜとは星の発生エネルギー自重力でvoid（ボイド・宇宙空間の銀河団間のすきま領域）へ圧力の現象と推測した。
・主観を客観とすることで科学は成立する。
・科学は「童話」から始まった。「あの月を取ってくれよと泣く児かな」である。
・建築評価も同様、視覚の強調、使用者の心理まで踏み込めない限界がある。「空(くう)から生まれ空(くう)に向かう、真の完成は無(む)だ」。

③強い核力　strong nucleus

「核融合（結合）で別原子となる」

太陽は輝く水素塊で、中心核の水素核が強力に圧縮され融触しヘリウムとなる。水素原子爆弾と同じで、各星も同様である。内部原子核融合で高エネルギーは熱と光等に変わるが「強い核力」は内部のみで外に出ない。恒星は、燃焼光体で自転し球体である。

紅炎（焔(ほのお)）やフレアの噴出で荷電粒子（宇宙線等）が地球に達すると、無線の混線や、極地のオーロラが発生する。太陽は固体ではなく燃焼体で、回転は25～30日に１回、完全な球体形ではない。黒点と燃え残りで分かる。太陽直径140万km、地球直径1.276万km。〔140/1.276＝109.7〕。太陽を１mのΦ（径）とすると、地球は９mmのパチンコ玉。表面温度5,500℃、地球との距離は1億4,900万km。光速30万km/秒で〔14,900/(30×60)〈秒〉=8.27〕と、８分30秒くらいかかる。惑星の金星、衛星の月の光は太陽光の反射光だ。日蝕や月食の時に地上の影で測定できる。（図2.6）「夜になると空が暗くなるのは何故か」誰でも知る現象だが正解はない。「オルバース（1758～1840）のパラドックス」である。

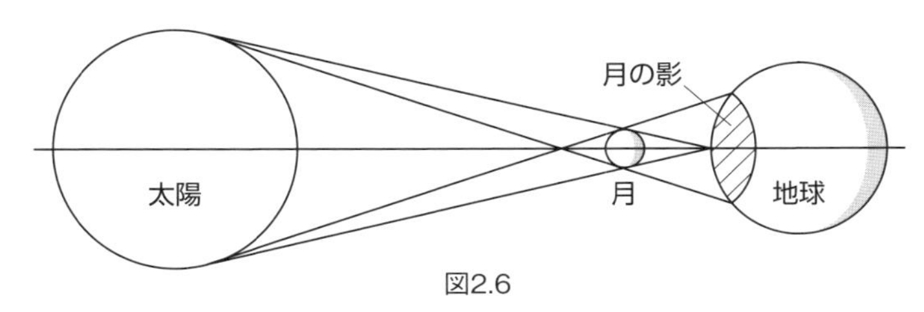

図2.6

地球面海水の干満潮汐は太陽引力で発生する。太陽・月・地球が直線並列は大潮、真横に並列は小潮となる。海水は影の方も膨らむ。海面は地表の３/４以上も覆い、地面に多様な変化をもたらす。地上の動物も影響を受けるが詳細は不明だ。人の誕生や死亡も月の緩慢と同時性とする説もありか。海水温度変化で気象を従え、水が雨となり生命体を構成する環境因子である。火元は太陽、地球は「たこ焼」に例えると、その出汁は海水。湯気は雲。飛び散る破片は月などの衛星である。

地球に夏と冬があり、その中間に人間体温がある。

地球が太陽を回る軌道軸は23.5°傾く。（図2.7ⓐ、ⓑ）一年に半分ずつ北と南に向きを換え毎日昼と夜になる。

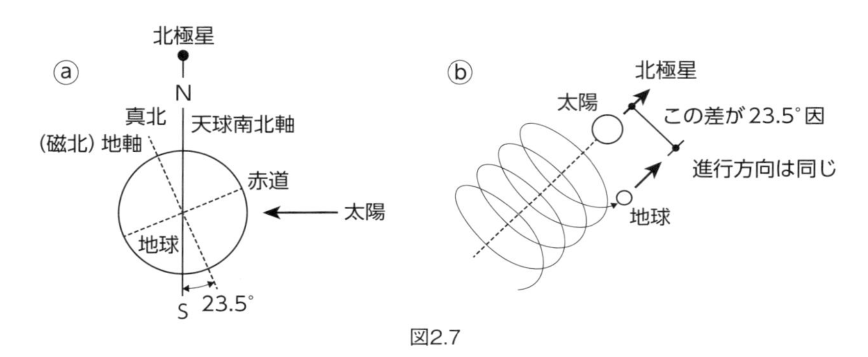

図2.7

冬は太陽光線は低く日は短い、夏は高く日は長い。地球は太陽周囲を一年に一周するが同測ではなく、4年に1回、1日が多い「うるう年」とする。楕円軌道に2つある焦点の一つに太陽がある。（図2.8ⓒ）（AとBの面積は同じ）ニュートン（1642～1727）は「逆二乗の法則（近いと速く、離れると遅い）」を発見し、運動の法則「慣性・加速・応反力」を発見した。ⓐⓑⓒの状況要素の組合せから、コペルニクスの主観（する）と客観（される）、ドップラー効果の偏移（速い・普通・遅い）、マルクスの置換（執念の発生）、アインシュタインの相対性（単独なし相手あり）、ノイマンの繰り返し（設定まで連続）、デリダの二項対立は時間で消滅（気配対応で処理）などが抽出された。（P162）

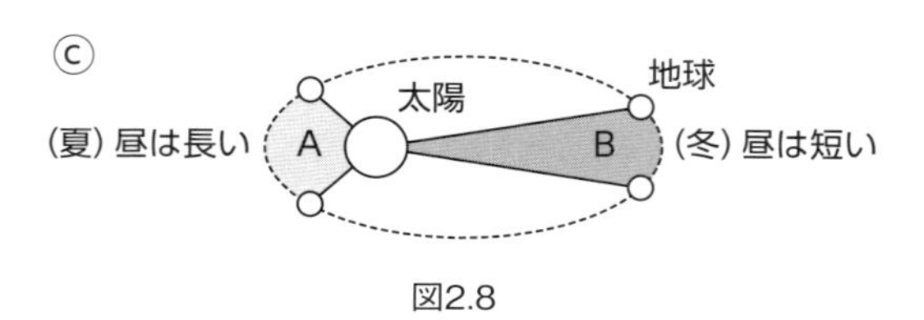

図2.8

④弱い核力

「核分裂で中性子・放射能を放出」

放射能と言われている。建築ではレントゲン写真室の床・壁・天井に拡散防止装置として鉛板などが使用されてある。

弱い核力は強核力の２次現象で無数にある。

弱い核力は見えない状況性だ。生理的に精神分析と転写できるフロイトの関心、ユングの能力と言える。作用後に現われて気付くと気配の因子と分かる。キュリー夫人（1867 ～ 1934・ラジウムを発見）は研究中に作用し白血病で死亡した。

宇宙基本力

１．電磁力。「光子・電子波」（電子変化）

２．重力。「原子集団」（原子変化）

３．強い核力。「核融合で別原子核」（核変化の融合）

４．弱い核力。「核分裂で中性子・放射能」（核変化の分裂）

の４種、これが作用力と変化し、建造物は構築される。（図2.9）

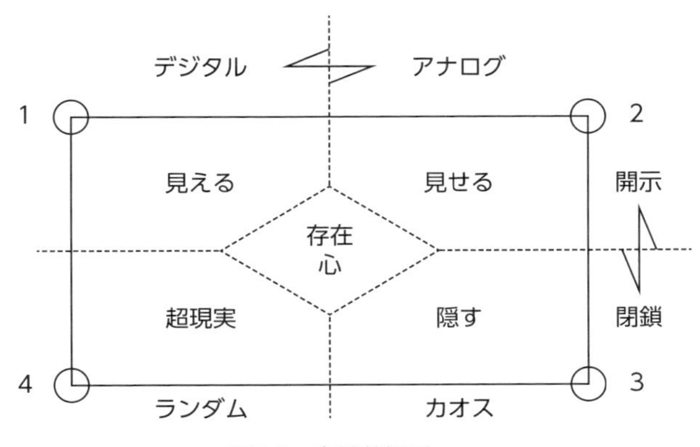

図2.9　自然状況図

弱い核力は、ある種の原子から、自然発生的に、見えない放射線として放出される。放射能とも言う、化学変化や温度の物理的な要因にも左右されない。アルファ（α）線・ベータ（β）線・ガンマ（γ）線の

３種。全ての物質に低レベルの自然放射線は含まれ、人体からも検出される。人体も原子論で構成の化合物である。

α粒子はヘリウム原子がとれたもの、β粒子は高速電子、γ線は電磁波の一種である。大量は人体に有害でも少量の応用は多い。X線（ある種の物質を透過する電磁波）は医療のレントゲン写真となり、γ線は金属を調べることに応用されている。放射性同位元素を添加した薬物を体内に注入し、その動きを追跡できる。考古学の分野では発掘試料中の放射能を測定し年代の算出に利用されている。

原子の構造は太陽系に例えられる。中心の太陽にあたるのが原子核、惑星にあたるのが電子で、相対的に回転し多様な変化を発生する。人間意識は固定を好み言語化するからズレる。また言語は自由で、気分が向くと読み、その時で意味も変わる。

・X線は骨と金属は透過しない。
・1895年にX線の発見がレントゲン（1845 ～ 1923）。
・体内内視鏡はグラスファイバーの束を使用１本とした。
　画像１点を形成しコンピューターでまとめる。
・CTはX線で原子を振動させ同調、反射光を集め着色する。
・電子レンジは原子振動で発熱のみ。太陽系の太陽効果。

3）架構力３種

①重力（自重力・荷重力）

建築構造物を構築する技術は架構である。重力の重心を低くし転倒を防止、底部を広くし重力を分布させている。重いRC（コンクリート）で地盤を固める工事は、抗打ちや土質を改良し強固にする。収納荷重力は均等配置になるようにする。熱と力は強から弱へ向かうからである。位置と運動エネルギーは相対的であるから平衡状態が望ましい。天候の影響を受けないように快適な環境を提供するため現地調査、計算、物質の知識が必要になる。流行の様式は時代と環境で移り変わる。現代は通信・流通・環境管理のため、複雑に入り組んだコンピューター制御サービスにより、建築は機械のように複雑になっている。

技術は、簡単な方法から熱エンジンの出現で新機械方法が中心となり、開発研究が優先され迅速化した。能力と効率は重力維持に対応し、より堅固と安全を要求される時代となった。架構技術は部材継手が難しく、常に新しいものが研究開発されている。

②地震力（横揺れ）

地震力対応は、低層建物と高層ビルで異なる。低層は横揺れへの対応が主題で、耐震壁を均等配置する。高層は耐震壁の他に避難階段のような避難路確保が必要となる、EV（エレベーター）は停止が予想され使えない。上層はゆっくりと長い時間揺れる。いくら建物を頑強にしても自然力は強大で、噴火で山も吹き飛ぶほどであるから、予兆の微震が現われたら避難優先となる。時々訓練も必要である。（P96）

構築は地盤と一体化構法なので、地盤状況で変わる。岩盤であれば置くだけでいいが、地下室を造るには掘る工事が難しくなる。表層弱く、固い地盤が深い場合は基礎面を広くし浮かすか、杭か部分柱状とする。弱土を岩石と交換し、盛土で固地表構成ののち、地下外壁を擁壁化する。建物から離した擁壁で濠水（ほりみず）や、空堀で上層と同外壁化する。斜面地は削りと盛土、崖地は地面造成や削造成との混造となる。地震力は波状の強弱力であるから、地盤全体強度は均等が望ましい。

③風力（風圧力・吹き返し力）

空気の移動が風である。風向きが風圧の（＋）作用、物体の後や風向きが変わると物体は風に引き寄せられ（－）作用。無風はプラス・マイナスでゼロ（±）となる。温度・湿度・密度・圧力などが関係し、空気は変化が著しく予想し難い。電磁力と類似で、波であり粒子である。気圧は空気の重さで生じる圧力で、上昇するにつれて低くなり高気圧で快晴、低気圧で悪天候だ。大枠は分かるが細部は不明、部分的分布変化もある。地核から遠のくと細肪端部のように雑然となる。大風圧は木造建築も軽いため吹き飛ぶ、副作用である。竜巻（tornado）だ。コップ内の水でも起こる。回転物体は「角運動量」で速度・質量・大きさに依存する。天橋立の松は空気の渦巻でクネクネと樹形も変わる。

存在の核力と質、量の集体で大きな別の価値を持つ。宇宙にも風があり、極地にオーロラが現われる。光レンズだ。光束は重力レンズとなりダークマター（void）にもある。銀河団も宇宙風の一種で風向きが移動するとなれば、宇宙核の存在も考えられる。人間社会科学も核の存在で多様、統計と確率もすぐ変わる。角運動量だ。（P175）

・渦巻
・星の渦巻は銀河。
・潮の渦巻は見られる。
・渦巻きでできる現象を「ヒモ」と設定が弦（げん）思考。
・仮想ヒモを相対性の破れとした南部陽一郎（1921 ～ 2015）。
・同上を具体的にナプキンの移動とした。
・人の「やる気」も伝染する。
・マスコミは大型で竜巻。
・選挙も渦巻現象思考。

4）部材応力６種

①応力

ピアノを弾く作用は部材応力全体を含む。ピアノの重さと演奏は応力と床に伝達し、床は応力を、反力は応力以上の力でピアノの位置を維持する。演奏者の指先で鍵盤が動くのは圧縮力。指先と手の平は曲げ力。手首の靭帯を抜け指屈筋に作用は引張力。終わって他者と握手する際に手首を垂直に捩るのは剪断力となる。楽譜読みは脳を刺激し発想を励起する。ライト（1867 ～ 1959）はピアノ、カーン（1901 ～ 1973）はチェロを弾いた。建築構築の力は長期、演奏は短期作用。短期はカオス、長期はランダムとする。（P58）

建築構築には基本的力4種の電磁力・重力・強い核力・弱い核力から、構成に重力・地震力・風力の3力が外部に作用する。これらに抵抗する力を備えて存在と実現するのが応力・反力・引張力・圧縮力・剪断力・曲げ力の6種となる。大枠は最善より最適。中枠は人工知能のコンピュータ管制。適枠は技術となる。

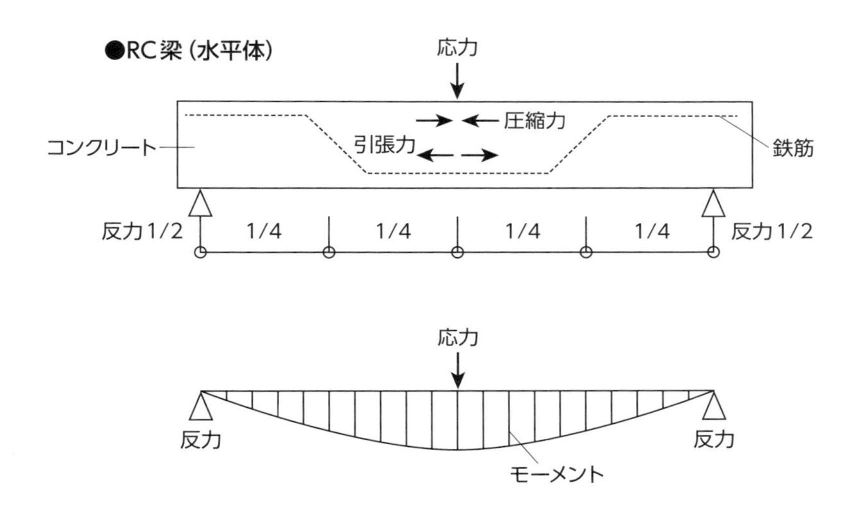

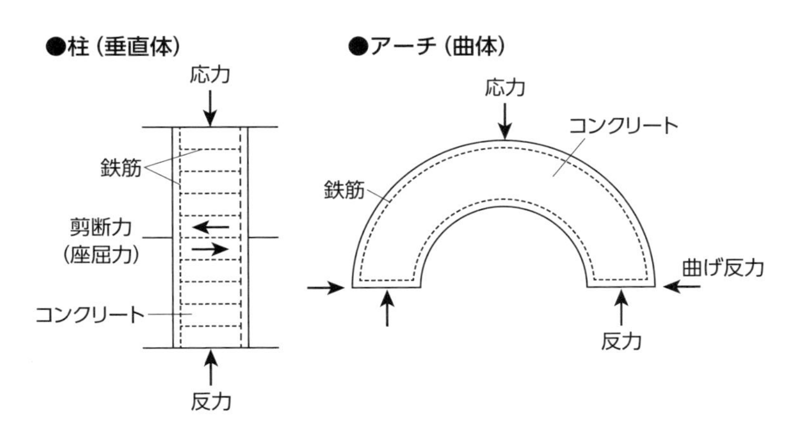

図2.10　応力図・配筋図

物体に作用するのは力、P（place）・T（time）・O（occasion）で名称は異なる。建築の水平な梁材は上から応力、下端部に反力。部材の上部に圧縮力でおされ下部に引張力で引かれる。RC（コンクリート）は圧縮力に対応、鉄筋は引張力に対応する。（P106）

柱は断面が小さいので許容力を超えると捩じれて折れる。狭い範囲で左右方向に力が作用するタオルを捩じるのと同じ現象だ。帯筋（バンド）でつなぎ固め、しなりに対応し、剪断力（座屈力）に対応する。

弓形の曲体（arch）（ロープの下り曲体の逆視体）は全体を曲げ、上から応力を各部分に圧縮力をかけ外方向にそらす。下端に曲げ反力と全体反力の双方が作用するので上部より大きくする（長い縄とびの上はアーチ、下は吊り橋帳体、手首で力強く振ると同効果）。構造体応力は6種が基本で、壁は薄い柱の連続体、床も薄い梁の連続、ドームはアーチ連続体、振子現象逆視である。

②反力

熱と力は高・強から低・弱に移動する。熱力学第一法則。他物と同温、力は他分子動態になると停止する。平衡状態第二法則。プロセス（何がどうなるかは別・過程）をエネルギー（仕事をする能力）とする。応力・反力ともなる。相対的に「$E=mc^2$」。光速主体が「特殊相対性理論」で光速は迅速すぎ（30万km/秒）、人覚不能で分り難い、「宇宙性」だ。E＝質量と互換性有る質量あるもの全てに適応できる。質量は振動で認識できる。波や粒子も（ヒッグス粒子もあったと発見された。2015.10. 梶田隆章・ノーベル賞受ける）。エネルギーの人覚化だ。無意識反力もある。「ルシャトリエの法則」も分子の反応動作だ。

能動態（♂）は応力と受動態（♀）は反力となる状況性。振子折返点で一瞬止まる（1/440秒）、剣道試合の隙だ。体得で覚えることになる。

・例・弓の弦。ある物体を加わる力に逆らって（応力が先、反力はあと）動かした時に蓄えられる力。魔法瓶は真空壁で囲い熱伝導をおさえているから、冷たいと熱いままだ。（P42）

熱は物体の構成粒子の反力（絶対零度「－273.16℃」K記号。ケルビン温度)。原子や分子の運動で動かないと冷たく、高速で飛び回ると熱い。固体は分子結合。液体は分子滑合い。気体はとび離れである。(図2.11)

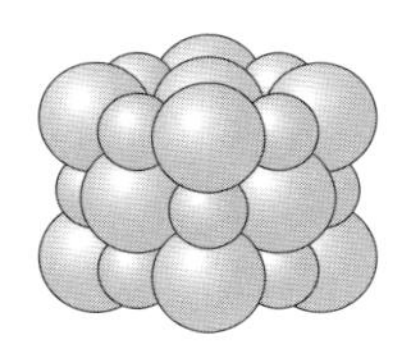

個体
分子が規則的に並び、しっかりと結びついている

液体
分子の配列がくずれ、少し自由に動き滑り合っている。加熱すると動きは大きくなる。障害や底面があると下部へ移動する

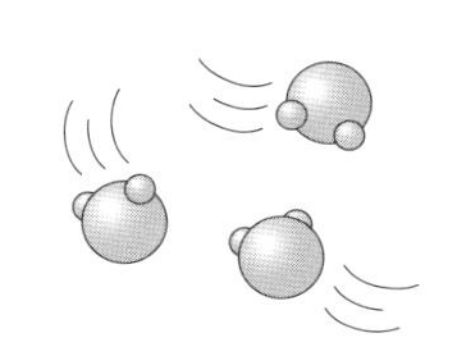

気体
分子の動きが非常に遠く離れている

図2.11

物質は温度が低いほど体積は小、密度は大。粒子反力は原子や分子の運動で停留作用がエネルギーとパタンランゲージされ完全静止の場合が「ケルビン温度」。量子物理学的が物理学的変化。分子生物学的が化学変化。状況変化「アナログ」は物理と化学の合成。0℃の氷は0℃の水より密度小、だから氷は水に浮かぶ。水が液体から気体に変化のときは多量の熱を奪い流動溶解。氷(固体)から液体に変化のときも同様。氷が溶け水になり、水が沸騰して蒸気になるのは化学反応ではなく物理的(分子運動)の変化である。

ある物体を加わる力(位置エネルギー)に逆らって動かした時に蓄えられる力。弓の弦。魔法瓶は直空壁で熱遮断。反力の状況壁滞となる。

男性陰のうは冷やすため外部。女性子宮は冷えないため内部(有性生物性)。性別は性染色体差。男性はX染色体1本とY染色体の組合せ、女性はX染色体2本(プラトーで再生無限)(生殖・育児と長期可能)(性器・乳房と複数用)(スクイズ(絞り出し)は一回で終わり)、1本が故障すると他が活動で再生。男性の故障は再生復帰に時間必要。色盲多い因子。X染色体1本が故障すると色覚障害となり限界有。

物体は物質粒子と流体粒子の合成(ニュートリノ振動発見)(set)。

固・液・気体化（プロセスで変化）。電荷は同荷反発・異荷引合・均衡安定。アナログのデジタル化で原子識別できる。

静電気発生・ナイロン靴下脱ぐとパチパチと減圧、手のこすり合わせは応反力相互（ゼーベック・1770 ～ 1831）効果。体温と空気温差の不均衡で反力。

・逆視も意識反力。反応速度・ルシャトリエの法則。反応力が打ち消し元に戻ろうとする。

応力・反力の双化は弾力性。

発声の返事も反力。

③引張力

固体には弾力性があり、引っ張っても元の形に戻る。ゴムは弾力性が大きい。分子が絡まっている。脳の構成も類似しているが詳細は不明だ。

ロープ・チェーン・ワイヤー等は、構造材の一部と張力に使われる。構造物のある位置で張力が予想されるとき、支える力が押す力（圧縮力）と抗する場合である。

RC（コンクリート）造りの場合は鉄筋をRCの中に入れ強度構成する。

吊橋は鋼鉄ロープで道路部分を上に引き上げて造る。建築でも、屋根部分を吊る工法を応用した建物は「東京代々木体育館」である。内部に柱をなくし広い空間を構成できる。要点としては、強風の台風時に風下が吹き上げられない重力が必要である。構造的に軽く、気象的に重く、と相反する要素は建築構法に多くある。

人体の筋肉も引張筋だけで短縮・収縮・網状筋で運動に対応する。反部分的に強く引張り圧縮力となる。建築の吊り構造も、吹き上げに抗する網状筋を斜材と応用し、押える。

④圧縮力

建築の圧縮力は無数にあり、状況で名称も変わる。床面に物体を置くと荷重となる。風で押されると風圧、地震で揺れる端は地盤を押す圧力となり、土質が砂地で流動すると浮力と逆圧力となる。地下水の流動は部分的横圧力で、波打際の海岸のようである。大河の川水は流れるだけでなく地盤の下や脇にも流れ込み、再度湧き上がり合流もする。地上では見えないだけであり、これが砂漠のオアシスの現象である。

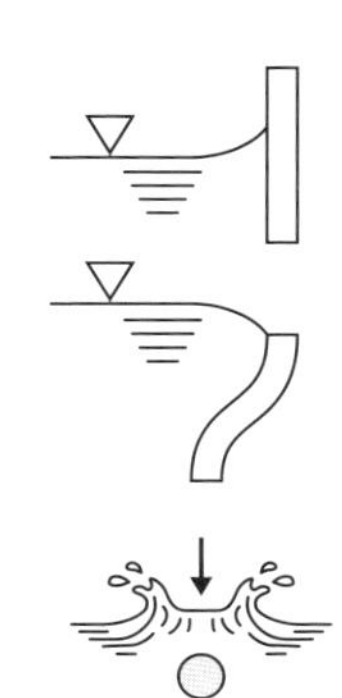

球体製
法に応用
巨大が星
なる。

図 2.12

圧力は全体と部分でも多様に変化する。水をコップに入れると容器中央は水平でもコップに接する端は曲面となる。側間では上に縁が上がり、頂部では下がる曲面となる、「メニスカス」という（注釈：大気圧現象で2次性揚力だ。媒介（縁）の有無で変わる。マサツに勝るのは迅速である）、水の表面張力作用で流体は球面となる。（図2.12）（P62）

建築の圧縮横応力作用にも、物体と物体の接続面に現われる。構築年数が経つとはじめに敷詰めた張床材に隙間が現われるのも、空中や床材の液体が乾燥風か減少で負のメニスカスである。木材は古くなり乾燥の現象は多くなり割れる。（図2.13）

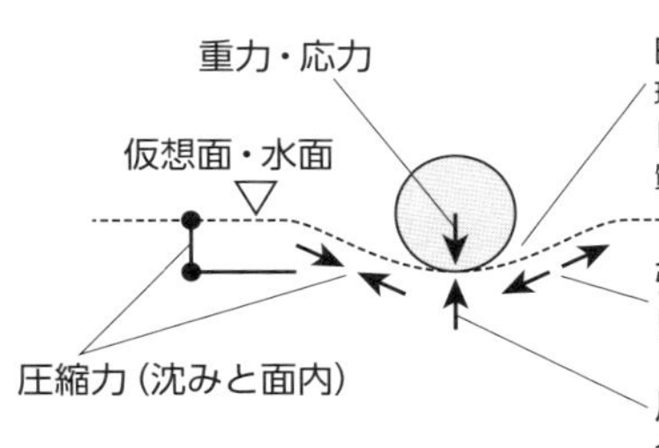

図 2.13

［圧縮力］

水面上物体が浮かぶのは浮力。物体が水と密度比で堅い分沈む。沈む力も圧縮力である。水密度＜物体は底まで沈む力の圧縮力である。浮力・沈力とも圧縮力の状況である。上部へ移動は揚力。一般に地球中心に向かう力は重力という。潜水艦態様。

宇宙空間にある星・惑星の地球も同様状態であるが相対的に平衡維持で「引力」とする。静止状態に見えるが相方共回転しバランスを保つ。(図2.14)

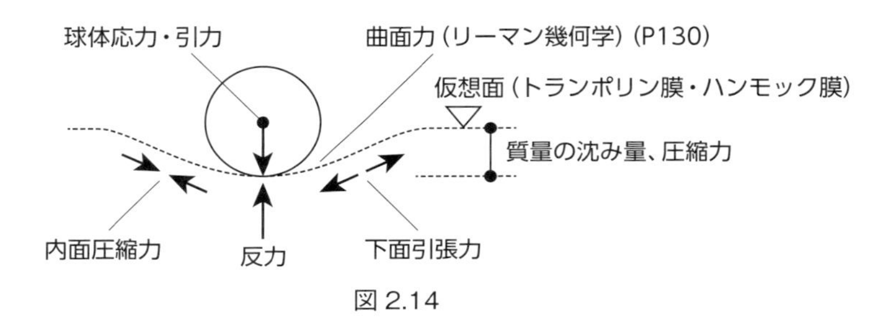

図 2.14

仮想面は光線の直進膜集団。恒星（惑星以外の自発光星）相互の発光エネルギーで構成される。

星の集団が銀河。銀河集団と他集団との間に無星塊りがありvoid（ボイド・隙間領域）という。物体と物体の間、人と人との間にも存在する、斑の論理である。実の有る饅頭と実の無い饅頭集団と転写できる。P・T・Oで変化する要因は多様性と秩序となる。

⑤剪断力

剪は切る・挟む・摘む。断は切り離すで変化状況、折れる・座屈のつぶれる・歪のゆがみ・捩りなども含む。圧縮性の柱に複雑な力が許容値以上作用すると発生する。力と熱は強から弱へ移動し、応力と反力が平衡になると停止するが構成体が弱いと破壊する。建物では梁下や柱床上近くに応力が強く作用するので座屈し剛体は元に戻らない。構体を固定する必要がありこれを剪断力とする。

結論は現代のコンピューターでも複雑で解けない。木造建物の計算値を示せないため教化から外され経験知で大きさと形を決めている理由である。積分不可能なのだ。「コマの対称軸」現象は回転・移動しながら安定していると同様(逆立ちコマで見ることができる)、運動の全ての軌道を未来永久に知ることはできないからだ。日本刀の刃先にコマを回転しながらの移動は、コマ軸先を曲面と常時床面とを置換し、移動中はコマを見ているから不思議に思うのである。曲面用コンピューターが望まれる。回転する物体は「角運動量」を持つ(コマ・渦)。

⑥曲げ力

曲げ力もたわむ・ゆがむ・屈曲・波など多様でありそれぞれ特性がある。連続、結目、逆転などに置換される。直線の綱を引張りゆるめて上下に揺すると形はできる(連続アーチだ)。サイクロイド曲線は円周軌跡の連続線。曲率は全体の中で部分の対応比。アーチは曲面の逆。その連続はトンネル。円周化はドーム。波の上面は見えても波底は視覚限界で見えないが仮想連続波と示しオシロスコープと画像化、連続波の長短を強弱と転写する。アーチ構造の引張り力は発生せず全体は圧縮力を各部分に圧力をかけながら外方向にそらす全体は同荷重となり、支点で下と横力に分かれる(尻で座ると下面は広くなり力は分散される)。連続アーチに並べると横力は(+)と(−)でゼロとなり両端だけに発生する。日本人は流木拾い型アーチに弱い(災害と木造直線家屋)(災害と海周囲でブランドパワー)、欧米人は攻防自穴掘型と、強い(弓矢と盾で大陸性のブレンドパワー)。

応反力を情報エネルギーと転移し、巨視化すると電磁力にも応用できる。銀河団とダークマターの重力レンズ化であり、色消レンズ法則の凹凸レンズを並置。(P62)情報には質と量、質は部分情報ですぐ役立つ。量は別価値を持つ。小粒でしずく、大型は津波である。

5）単位17種

①熱　heat

物質の温度変化（原子・分子の動きが原因）を「熱」という。熱くなればなるほど原子・分子は速く動き、冷では遅い。エネルギー（能力）の一形態である。発生は太陽中心核で水素核が強圧され、融解ヘリウムと反応（核融合）してエネルギーと互換し輝く。表面温度は5500℃である。夜空の星は、惑星以外は恒星で、太陽と同じ光球だ。恒星が熱いのは、宇宙が冷たいからだ。地球は惑星で全体が冷え続けている。熱の伝わり易さを熱伝導率という。熱い風呂に入始めは熱いが体が温まると体に入る熱量が減少し慣れてくる。寒いところでもしばらくすると慣れる。身体の感覚は感知器（センサー）で、識別は脳が行う。体温の36 ～ 37℃が判別基準となる。水が０℃で氷体、100℃を気体蒸発、その割合いを温度とする。低温は「－273.16℃」以下はなく絶対温度とする。（P36）温度計で測定する。熱、圧力、光、電気、磁界、磁気は互換性があり、熱と力は強から弱へ変わる。（P29）

②長さ　long

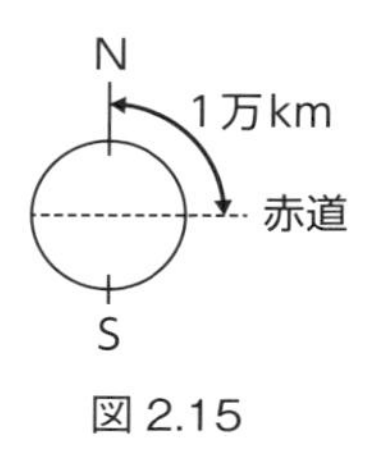

図 2.15

建築では部材が大きく形があるので柱は中芯仮定点や、床は上面、頂部・低部は端を点とし長さ・寸法とする。日本は尺（0.303ｍ）が基準となっている。

国際単位はメートル（ｍ）。地球赤道と北極までの表面の１千万分の１である。（図2.15）地球周囲は４万kmである。新聞紙大面対角線は0.98で約１ｍ。１間６尺。

上へ伸びると高さ。空間を挟むと距離。時間と合成されると速度。道路幅の４ｍ以上は消防車が通るためだ。扉の高さが2.1ｍ以上は外国人でも通れる。屋内通路幅1.2ｍなら擦れ違いできる。

人の歩幅は約0.6ｍ、階高は３ ～ ４ ｍ。階段は踏面300cm、蹴上150cmが望ましい、駅に多い。

欧米は１インチ＝0.025ｍ、１フィート＝12インチ＝0.304ｍ、１

ヤード＝３フィート＝0.914ｍ、12進法。

長さを縦横にする囲いで枠面ができる、その比率で感覚は変わる。(図2.16) この３種はどれも8：5の比率の縦横構成で安定感がある。黄金比。(図2.17) ３分割形も安定感を示せる。長さは形や数の媒介となり意識に作用する要素となる。質の特性は集になると別の側面を発揮する、選択は多様でも実現はただ一つなのが建築だ。本をタテ・ヨコにすると判る。目は横並びであるため意識誤差となる。建築は動く幾何学で「斑（まだら）の論理」となる根拠と帰結(aとbの二つが並列でも視覚は同じ高さとは限らない)を、分析は閃きの媒介で効果となる。(P136)

図 2.16
8：5の比率の縦横構成

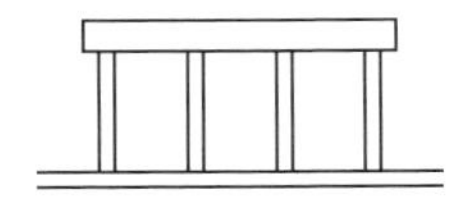

図 2.17
神社の正面方に多い３分割形

③面積　space

平面の広さで範囲の端がある。比較意識は計算で、統計と確率を加え物体化する。工事面積や工事費の表現添付に応用される。１坪は畳２枚分である。(図2.18)

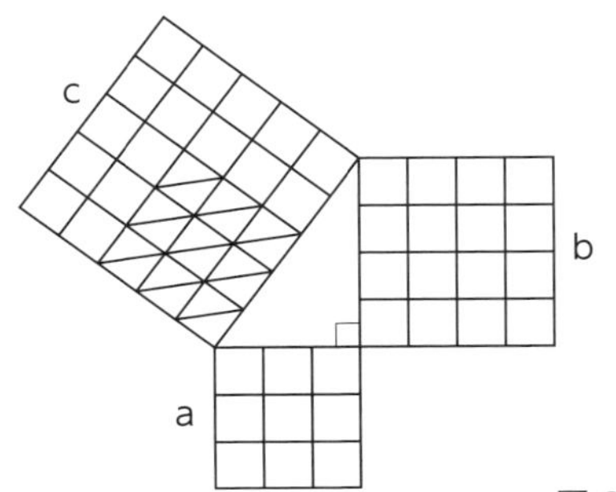

ピタゴラスの定理 (BC6頃)
文学ではplot (複数の必然的連結) となる。(P83)
相対性理論の図解。
まがった時空でも測定に応用できると「$E=mc^2$」に発展した。
$a^2+b^2=c^2$
(空間の数学的発見)

図 2.18

2500年も後に、現代のエネルギーの概念に応用された数式だ。

人は限定するもののない野外空間では巨大でも、建物に入った時の

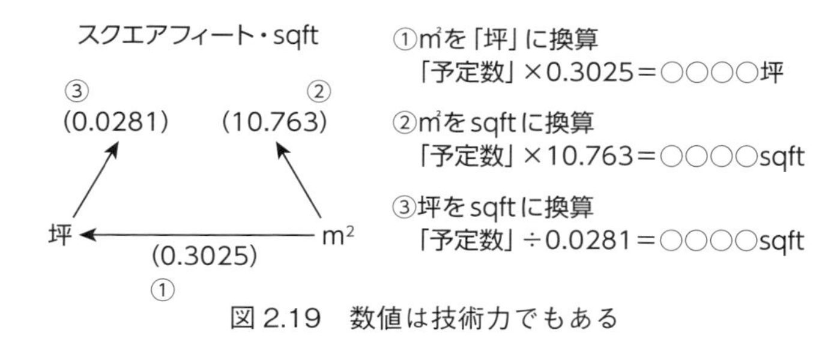

図 2.19　数値は技術力でもある

広大さに感覚は襲われる。三角形より球面が広く見えるのである。発展の閾値（いきち）と、理論化した「サブリミナル幾何学」がある。女性の瞳も大きいと目立つが、過剰は漫画になるから限界もある。大陸は領土の攻防で知識も伝達したが、日本は島国で内省化した背景がある。電車がホームに入ると、走り出す遅速対応は身に染みている（島国根性環境、天災は回避が最良）。球面積公式「4×π×rの2乗」は「心配あるなら自重せよ」も流木拾いで入手した。(P135)

④体積　volume

容積の立方体、水1 m^3は1トンで1,000kg。1円のアルミ貨では1gで100万枚となる。地球中心に向かう力となる。「質量とは、ものの動き難さを表わす量」は物理性である。$E=mc^2$とエネルギーの「仕事能力」と同等・相互交換できる。

物質の三態、固体・液体・気体の違いは分子運動が原因である。固体の分子は決まった位置に固定されている。液体の分子は滑り合って自由に形を変え容器の底に停止するか、重力のため低い方へ流れる。固体の氷は溶解し形は小さくなる。気体は水分の分子が蒸発し飛び回るため空中に散る（微細化で見えない）、液体は軽くなり全部蒸発すると地上から消える。そうすると空中は水分子が多くなり湿気状態となる。湿度99%は水滴手前で、雨となり始める。雨中は重く晴天は軽い。球体公式、「4／3×π×rの3乗」「身の心配あるから参上」。固体の重い鉄は分子の種類の質量軽重で決まる。比重という。1トン

のアルミニュームは原子量27。鉄は56で56/27＝2.07倍の体積となる。変化因は熱や圧力だ。(P37)

⑤質量　mass

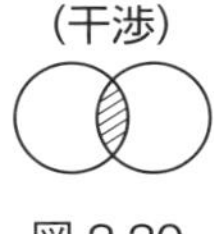

図 2.20

万物は存在と個の質、集の量、情報の動きと三態を質量と意識する。存在と情報の良質は役立ち真理、まとまる知識の直感は本質である。別の価値が発生すると、特性に変わる。相対が強いと吸い込まれる。風車も風力を背に見ると右回り、逆からは左回りでも回転の本体は不変。どちらを応用するかの装置が技術となる。(図2.20) 同じ場所応用は期待の幼児型赤系。新規循環は普通型橙系。脱出の強用型青系と交通信号でドップラー効果となる。物体・会話・動態になり立体交差は自由に回避できる。置換で変異だ。鉄はボールトとナット、RCと鉄筋を合成して質量化する構築物は多い。物理学の質量(重さ)は動きにくさを指し、標準理論では質量と重さはイコールではない。構成粒子の違いである。建築内部は空間と質量の混材、人間は中で生活するエネルギー(能力)と価値をもつ動態化学工場だ。質量は自発性の「カン」で無限だ。(P182)

⑥重動力・馬力　energy・horsepower

万物は存在し動いている。理由は攻防兼備、日本人は流木拾いのブランド型。欧米人は自穴型堀のブレンド型で環境に再適応の為。アナログでは不明、デジタルで明確化。寿命あるカオスは、始めと終わりの両端で切れるからランダムを人類は探る(動きは判る、動機・効果は無視、$E＝mc^2$から始めた原子性)。建築は停留作用と、造るまではランダム性を人間尺度のカオスと挟まれて、最善から最適へ置換の過程は動力応用。馬力は75kgを１m移動/秒、筋肉強さである。光速の30万km/秒で、物体の粒子速度限界は動力限界でもあり、連鎖反応で巨大動力は原子核力となる。物質はエネルギーと交換できるからだ。

力は正義なりで弱より強は拡大に応用される。現代は強の迅速を電磁力の往復化で統計と確立に転移し能力へ配置替えして、計算化のコ

ンピュータとなった。力強弱は物理性から数学と移行し指で操作するロボットとして開発された。(P58)

動く、は原理と応用の間を往復し、人間は「機械」の「奴隷道徳」と心と意識の不明を浮上させた部品化である。宇宙の力の一つ(+)の能動と(−)の受動で電磁力にもなる。(±)と不明を設定。今は不確定性・中性とする。回転する物体は「角運動量」を持つ(コマ・渦)。

⑦角度　angle

(図2.21①)水平と垂直角は90°、以上を鈍角、以下を鋭角。(図2.21②)正三角形内角は60°。(図2.21③)

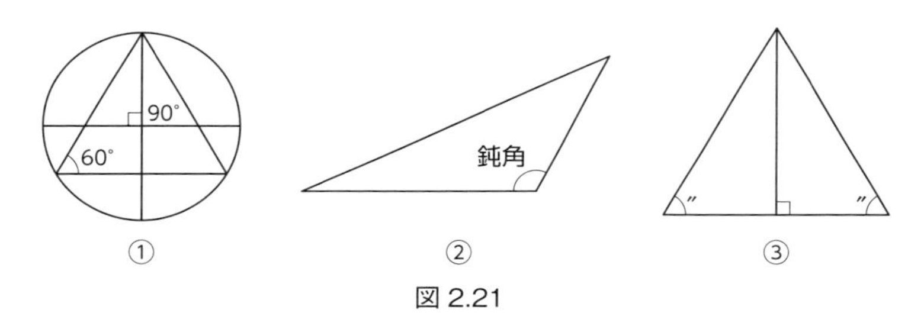

図 2.21

空間の形が幾何学、紙上に縮小転写し地表測定から始まり、2次元は時間を加え3次元へと発展したのがユークリッド幾何学で、建築・都市設計に応用された。所有の限定である。時間は過去から未来への一直線は欧米。攻防文化。中国・インド・アステカ文明(日本も同様)の時間は循環と対比される。その中間に郷愁と意識が無数にある。

「Why・How?」文化(攻防文化)と、「そして(and)、また(or)」(中間性)で意識は違う。有を追求のキリスト教。人間集団の「奴隷道徳」。無を追求のイスラム教。砂漠で確実なのは太陽だ。また(and・or)を地表の状況性と追求の仏教。三角形では角度が変っても全体は変化しない(宗教は角度で、共通するのは「祈り・生存・対応」)。人間の脳活動は直線的であり、時間的に少しずつ曲げは付く。人間はその前に寿命で終わるから、宇宙尺度との比較は不能である。

⑧時間　time

時間は60秒で１分、60分で１時間、24時間で１日、365日で１年、１日は地球１回転、太陽周囲１回転は１年、１光年は光速毎秒30万kmで１年間に進む距離９兆５千億km。光速は地球周囲を秒速7.5回でまわる。太陽光は地球まで８分30秒かかる。(P29)

時間の概念は３つある。

１．「層」で過去・現在・未来へ向かう時間の流れ。３次元の薄切り。(図2.22)

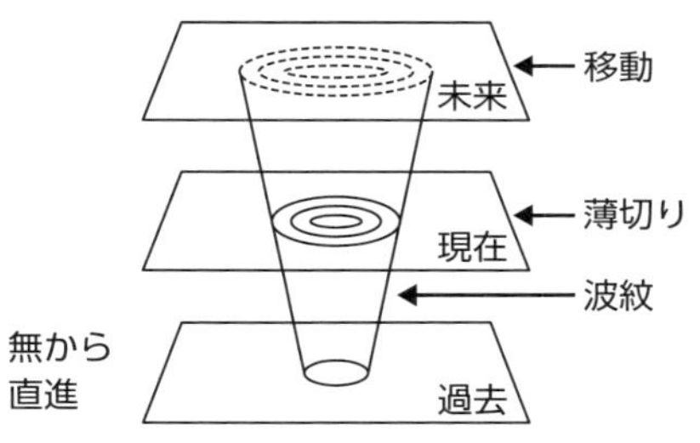

・何をしなくとも時間は流れる。
・戻らない、拡大するだけ。
・「祈り」と言語化、造る人。

図 2.22

２．あらゆる瞬間が広がる時空の現実に共存する。同引出し。(図2.23)

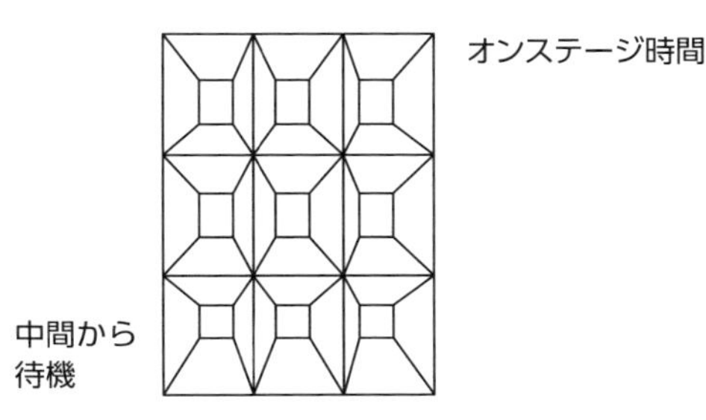

・中から取り出した物に有る。(P181・196)
・中にある物に時間は無い。
・「予想外だ」使う人。

図 2.23

3．時間と空間は融合し、3次元こん棒回転で伸縮。4次元広がりの時空。（図2.24）

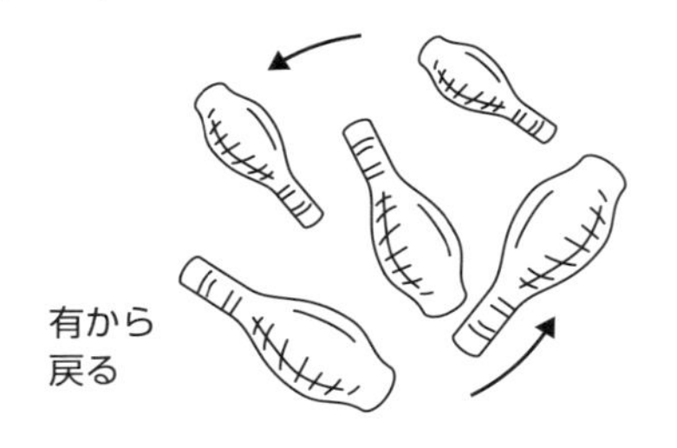

・対象が回転し戻る。循環とする。
・長さ形が変化する。観念性。
・「こんな事もあるのか」見る人。

図 2.24

同時性は存在としてあり得ない、仮定である。相対性も同時仮定の副次性で重層仮定である。動機と効果の間に有る「時空」は無視され、意識した時空で処理される。許容範囲も状況で変わるからデジタルで境界設定が時間となる。

人は地表にいるから自身を客観視できない。太陽は原子核、地球は電子とした巨視化で時間を置換すると太陽系となる。巨視化と客観視を科学とした。（P181）

⑨空気・温度　air temperature

室内の空気環境は「気温22℃、湿度50%、風速0.4m/秒」がいい。地域によって異なるが日本の春と秋。（水が氷る時０℃、沸騰は100℃が温度。）

地球の大気は1,000km上空まである、その上は何もなく真空である。生命維持に必要な対流圏は地上10kmまである。植物が光合成で二酸化炭素を吸収し酸素を放出し、地上では物質が酸素と化合し熱と光を発生する。人体の化学工場は、呼吸し酸素を取り入れ血液で循環する。

空気には、窒素77%、酸素20%、二酸化炭素・アルゴン等３%含む。これらは地表に３/４以上ある海水が太陽光で昼夜に温められたり冷される変化で、侵食、潮汐、気象変化、多様な生命体に影響を与えて

いる。刺激で変化する。(P96)

月は地球の衛星で空気も水もない。月の満ち欠けはよく見える。月と地球が回り、太陽と月のなす角度が変わるためで、直接満ち欠けはしていない。太陽光反射は地球の空気で変色し、月は常時丸いが空色で満欠しているように見える。視覚限界である。(P29)

42℃が人類生存限界である。山形市の西方山中に「空気神社」がある。

⑩光　light

矢印はエネルギーの「塊」を光とし光子とか光量子である

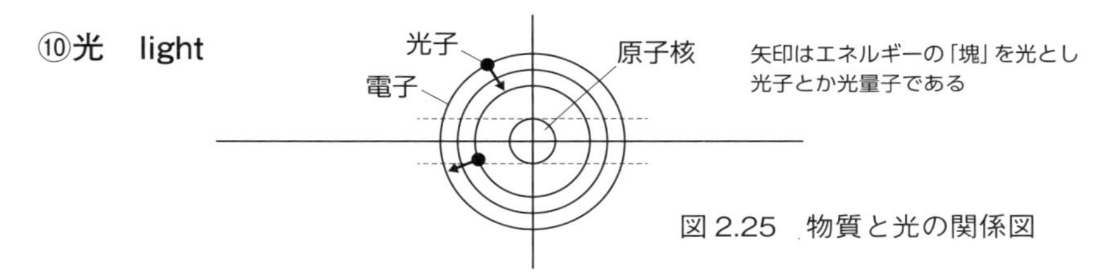

図 2.25　物質と光の関係図

光は電子の準位レベル差のエネルギー移動塊と放出・吸収で発生する。

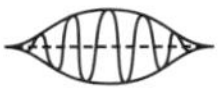

図 2.26　光粒量子の波束・ファインマンのダイアグラム（P25・105）

図2.26中の波はギターの弦の振動のようであるとする。その一部分が図2.27の可視光線。「巨視化」で量子の実体は粒子であり、波でもある。

粒子で電束と光束体。電子のクシャミだ。粒子は波状連続態で電磁波。原子毎に異なり、光子数で原子区別できる可視光線は虹 7 色の赤(せき)・橙(とう)・黄(こう)・緑(りょく)・青(せい)・藍(らん)・紫(し)で、図2.27と周波数（毎秒波数）で違う色差を脳が区別している。赤外線と紫外線は見えない。光速は30万km/秒（地球を7.5回巡る）。

光は粒子（エネルギー塊）で波をつくる。干渉と重なる（図2.28）。

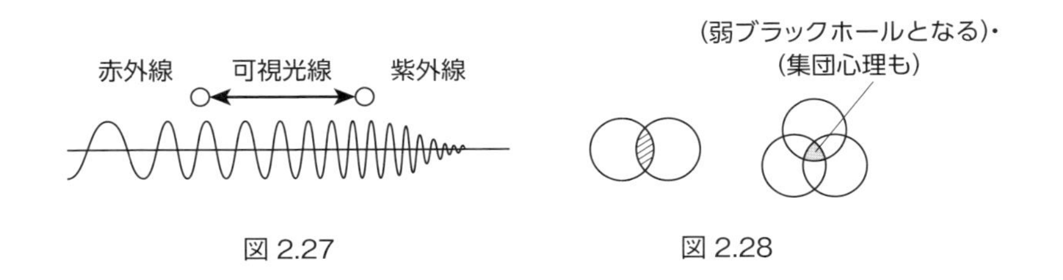

図 2.27

図 2.28

光は発熱光と反射光。太陽やローソクやＴＶ。反射光は鏡や物体光。

光はレンズ（集光器）（図2.29）やプリズム（分解器）（図2.30）で直進光が屈折し焦点で向きが変ったり（集合点で発熱し燃焼）、色分けされるのがスペクトル光。虹の７色である。（図2.30）

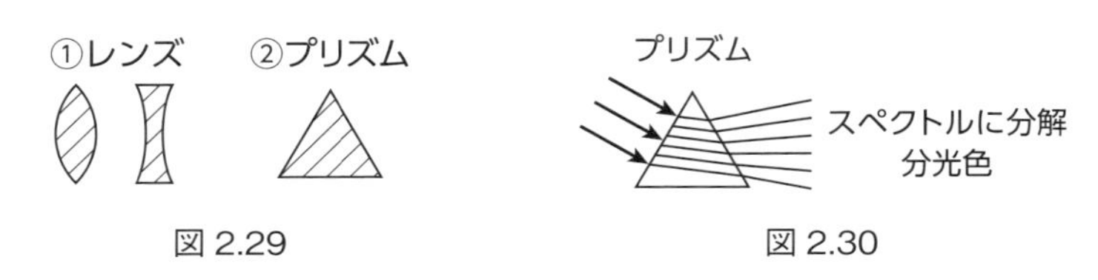

図 2.29　　図 2.30

光の回路は作用量が最小になる道で、巨視化だ。スペクトル光色間に隙間（フラウンホーファー線）が１cm/@3,000本ある。（図2.31）分光は面に当たると途中波の強弱が「縞」にできる。干渉であり、色差は映像となる。いろいろな物質が変化するプロセスは仕掛の時間が必要、変化を移動塊とし、「$E=mc^2$」とパターン・ランゲージは状況・現象・思考・感覚に多様された。光をガラスは通すが散らさない。電気（電子）はプラスチック・ガラスを通さない。水も通さない。少し傾けると全反射する。光子は電子からはなれるとき電子からエネルギーを取り込むから強くなる。電子粒子は常に引きさかれ、光る粒子は積上げられて強くなる。（P109・110）

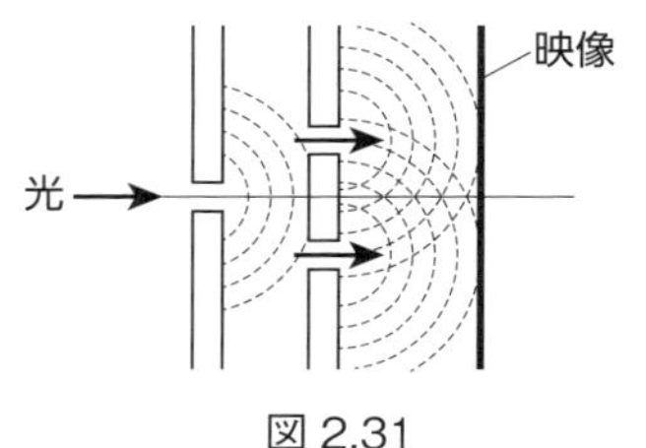

図 2.31
電子による干渉・回析実験

虹は太陽光で空中水滴屈折、反射が二重虹。赤外線は伸び遠のく、赤色偏移。紫外線は圧縮で縮み（密度濃く）近づく青色偏移。ドップラー効果。（P182）

光・熱・磁界・磁気・電気・圧力は互換性（注釈：親せき関係）があり、電源がなくても光物・光層間に圧力差で電位差が生じ「回路」に電流が流れるゼーベック（1770 ～ 1831）効果だ。逆に電流を「回路」に流すと接合部の熱差で「温度差」が発生する。ペルチエ(1785～1845)効果だ。圧力応用で体温計は普及している。見えるものが全てではない。感覚以外を第六感というのも他要素の媒介の差位発生であるが証明は確率と統計不能もあるからピーターの法則(注釈：ウソも複数になると本当になる)に隠れる。知覚限界だ。(P171・187)

厳密には白と黒は色ではない、光が有るか無いかの質量効果であるが習慣的に扱う。白と黒以外の絵具で白色はつくれない。

光を波動に置換する空間演出は視覚に多い、ハンモック状トランポリンは人体移動で、光と反射併用は変化に多様される。光速は最速、グラフは遅速、人間感覚は双方に反応する中性子性であるから、定説がなくとも現象は無数におきる。光も電子準位間の隙、色間の隙間、宇宙にはボイド(void)の銀河分布の隙間領域がある。これらは不定の存在だ。建築も地下鉄や衛星住居と回路は拡大し、光も重要となった。

光は回転する中性子星(パルサー(pulsar「脈動する電波星・pulsating radio star」)の短縮形。パルサーは星の中心核で化石、ブラックホールは星の死骸である。地上では掃除機だ。

光は恒星の燃焼発熱光で、光子は電子から離れる時、電子からエネルギーを取り込むから強くなる。電子粒子は常に引きさかれ、光子粒子は積み上げられて強くなる。

光をガラスは通すが散らさない(屈折なく直進する。だから眼鏡にしても見える)電気(電子)はプラスチック・ガラスを通さない。車に乗っていると雷は影響しない。水も通さない。表面を光は流れてゴミで汚れるゼーベック・ペルチエ効果である。少し傾けると全反射しレンズで集光し発火する。光子は星があると曲がり進む、リーマン曲線となる。集光がハンモックになり他星と間隔を引力で取り衝突しない。破片が隙間から漏れ流星となる。斑の因子は光束である。ビックバンは大改築、地球発生は部分改装だ。地上の動生物も仕上材は時間経過で風化する。UFOもその存在は「光」の一種か。

⑪水　water

水は植物・動物に利用される重要要素である。海水が地球表面を循環する過程で発生する物質で、３個原子の結合分子で分子式はH_2O、Hは水素（hydrogen）Oは酸素（oxygen）、構造式（図2.32②）、モデル（図2.32③）、規則模型（statute・ステュアート）（図2.32④）結合の手は水素１、酸素２、窒素（nitrogen）３、炭素（carbon）４、元素が結合すると液体では流動する。水は固まり氷、蒸発で気体となる。原子電荷の配列で変わる因子は熱、分子規則的配列は固体、滑る動きは液体、飛ぶ動きは気体。水を冷し４℃は変化の入口（４℃で体積最小・密度最大と固まりの準備始める。瞬間で氷とならないのだ）エネルギー安定し体積最小（最大密度）となり０℃で膨張し氷となり水道管を破壊する。水素結合の特質がある。結合の手はホジキン（1910 ～）が1955年に発見した。

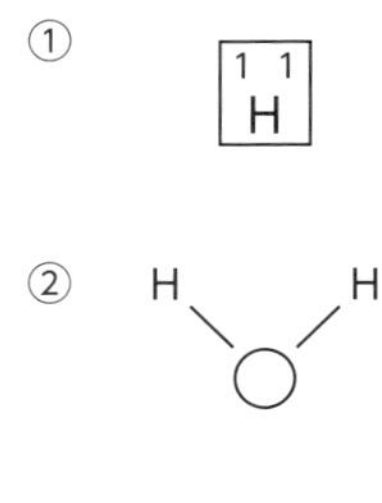

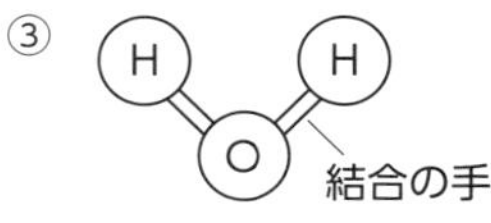

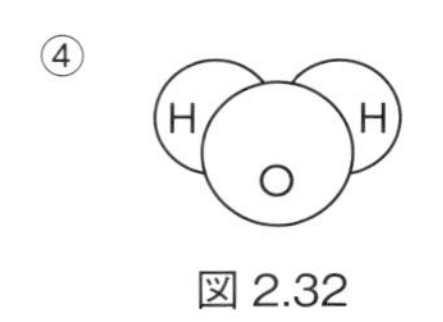

図 2.32

地球表面３/４以上は水面、北極と南極は氷面、それらが太陽熱で蒸発し、海水・雲・雨・川や地下水から海水へ循環する。天候が変化の原因だ。飲料水は空中のCO_2（注釈：二酸化炭素）を含み、酸性で風化因でもある。地球が一定の温度を保つのも水質変化による。密度変化の時、多量の熱をとるからだ。副次的に海に死魚はいない、他魚の食摂となるからである。（P96）

宇宙発生は138億年前、地球発生は46億年前。宇宙に最初発生原子は軽い「水素」の非金属、原子番号１（陽子と電子）同数（図：2.33①）。次に「ヘリウム」の非金属、（図2.33②）で希ガス。3番にリチウム（図2.33③）等の金

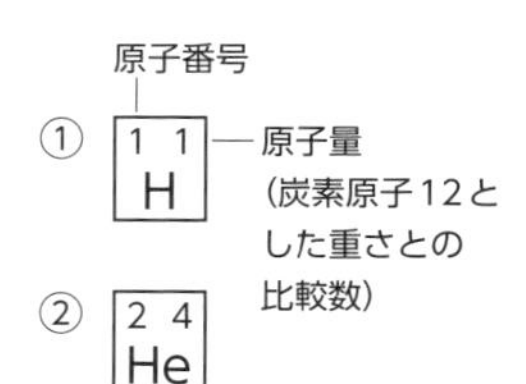

図 2.33

属原素が発生した。水の分子式(H_2O)の酸素(図2.33④)と結合の手で原子が組合され水の分子を作る。

⑫湿度　humidity

空気中に含む水蒸気度合いが湿度である。100%では水滴となる。ビールびん外側の水滴は、空中水分の冷却体である。汗は血管の水分抽出放出熱で体温調整の機能がある。湿度は吸熱か廃熱で、水を別系統で加えることにより発生する。熱の発除に関われない。変化の媒体である。熱・力・水は高から低へ移動し平均化性は重力作用である。体の寒暑感もセンサー態である。風呂に入り、はじめ熱いが慣れる。除湿は換気で行うと同様だ。

雨や雲は水蒸気が低温になると発生する。その逆もある。固体は雪や氷河である。水や湿気はモノを溶かす。引きつけ合う力が水分子の特性で水面張力となる。(P39)包み込む力で表面を小さくする。水滴化、流れ、風化因、海の潮流も同様。海水にはすべての元素が多少含まれる。石灰石を溶かし、鍾乳洞となる。極地の氷床をボーリングすると、空気が閉じ込められており、太古の大気成分や変化も分析できる。南極氷床は平均2.5kmあり、下層は圧縮されて薄いが、火山噴火の灰や、宇宙から降下物質、氷河期は4回あった。

⑬波　wave

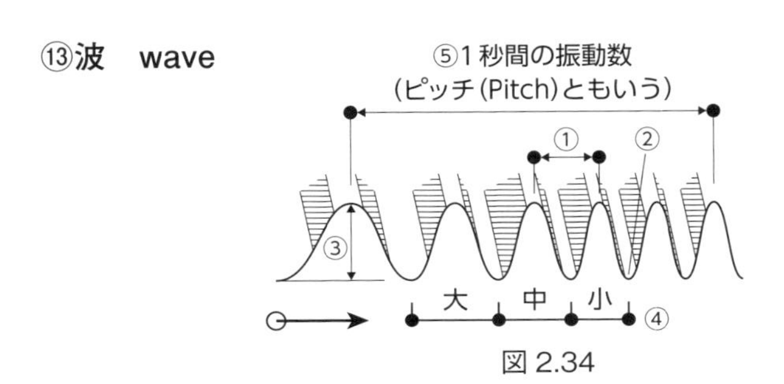

図 2.34

海上で風が吹くと波が立つ、P・T・Oである。池に石を落とすと輪になって広がる動きを、波という。断面に構造が現われ、名称が付いている。

① 波長：山と山の間隔を波長という。大形はうねり。
② 谷：最下部分を谷、普通はよく見えない。
③ 振動：波頭と谷との山の高さをいう。往復では振動。
④ 振幅：広がり分散でだんだん小さくなる。音波など。
⑤ 周波数：１秒間の振動数。振幅で常に変化する。

水の粒子（分子）（H_2O）は上下に動くが波に添って移動しない、拡散するのはエネルギーだけだ。(P27)

水・音・光・色も波で（図2.35）あり、粒子でもある。干渉や回析で変化する。水面波立つ隣から上下に引かれて見える横波と縦波とがある。光波の干渉は電磁波の可視光線で色も生じる。音叉は毎秒440回振動し音色差を示す。「縦波」ドップラー効果。(P182) 赤は遠のき（光の波形が引き伸ばされて）、青は近づく（光の波形圧縮で）。光波は電気と磁気の間のエネルギーの振動とした。振動で波長差は色差に対応する。電子の間で電子と光子は相互互換する（ファインマンのダイヤグラム、P25）。波は紋様と広がり最初の波しか見えない。粒子は常に加算される。波は加算しない一つの変化だ。

図 2.35

波の特徴が見えるのは波頭のみ、見えない象徴は波底である。波が何かと衝突するとエネルギーが奪われ小波と返えたり消滅する。微動波は物体の中を伝播し波及する特質がある。波の小型は電波、大型は津波。特質は無数ある。感覚差も知識差で異なる。特質の5種類は共通事項だ。

絵の具象５要素は①モチーフ（主題）・②構図・③ディフォルメ・④タッチ（筆致）・⑤色とある、類似だ。これらの省略が抽象となる。人間は感情の強さが意思決定を変えるからだ。(P144) 科学でも哲学でもない。さらにautophagy（細肪自食作用）と身体性も加わった。アナログ（状況）は転写できる。

最小作用の原理は素粒子レベルを「巨視化」だ。

色の種別も電磁波差であり、音波応用はドップラー効果（P182）である。座標もポイント表示で波だ。

生理性の視覚限界を超えると回転は逆だ。質量・情報・感情などは視覚化で思考効果となるが波に転写すると物理性となり、脳活動に置換は哲学となる。脳波と血流差に分岐する。波乗りはサーフィン。

⑭電気　electricity

地球は磁石の性質をもっているが、理由は解明されていない。羅針盤の針は、地球の磁場に反応する。特性は異極引きよせ、同極反発だ。有性生物の♂♀も同じ。植物花芯も。同じ場所で引きと反発の連続がモーター回転原理。Ｐ・Ｔ・Ｏである。（＋）・（－）の相互作用効果。

２本のコイルの片方の電流変化は、他方のコイルに電圧発生を誘導し、起電力となる。電気と磁気は互いに転換・置換できる。電子と光子も電磁力原理同様。導線はなくとも移動する。磁界とする。（P96）

琥珀（こはく）をこすると静電気発生で軽い羽根を吸い上げる。位置が運動に転換。磁場（磁界）の発生。シンプレクティック幾何学へと発展した。（P138）

電気は光速と同じ、毎秒30万km、地球7.5回巡る。

「エネルギー保存の法則」科学とした。①位置に停留か②移動がすべて状況問わず。二進法合成。

電気は磁界、圧力、発熱用、光用と共通を互換性。熱は物体の温度変化因子、素粒子応用へと、エネルギーの一形態人工頭脳のコンピュータに発展した。擬人化で人間補助用と発展した。伝達用である。微細は電子顕微鏡、巨大は天体望遠鏡。巨力は原子力発電だ。日本の戦後電力は「水主火従」→「火主水従」→「火水原発複合」と発電は変化。家電機器増となった。

⑮色　color

色は電磁力の波動で人間可視光線は一部である。虹７色（赤・橙・黄・緑・青・藍・紫）だ。可視光線である。

プリズム（分光器）の光屈折で分色できる。分解色をスペクトルと言う。波長別に並んだ成分である。（図2.36）

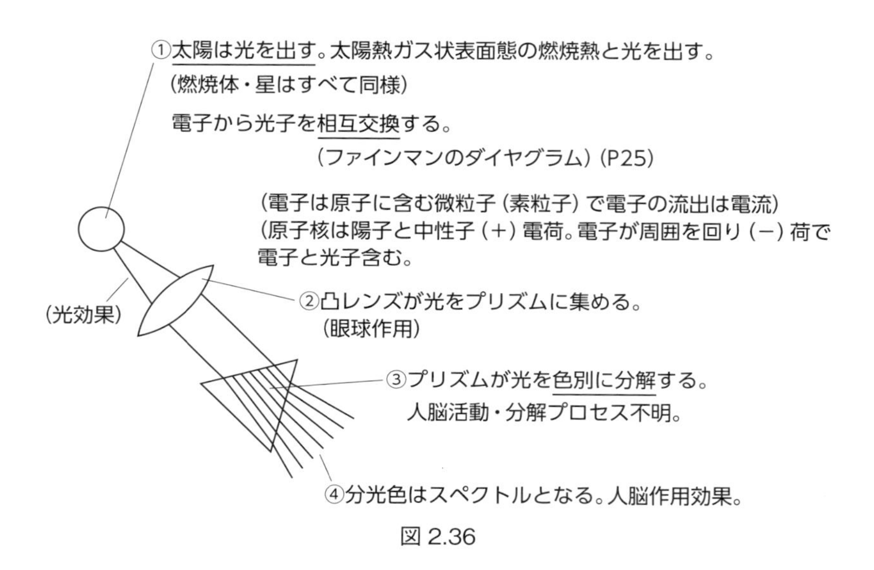

図 2.36

光子の一部は色。紫外線・赤外線と分岐する。

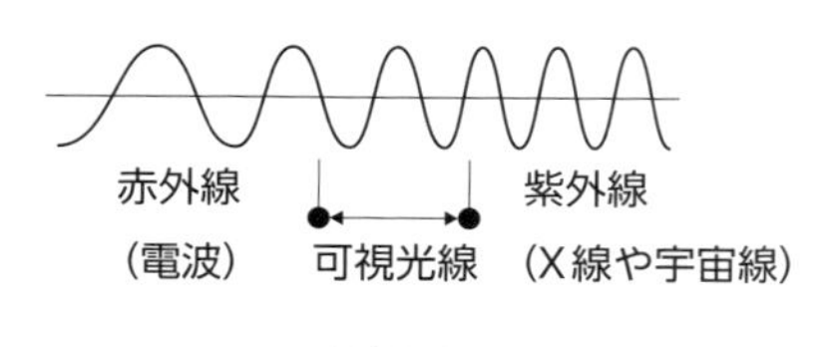

図 2.37

色が多様に変化するのは物理性で周波数差のためである。色と感覚（黄色い声・ピンクの性・夕日と感情・星と幸福など多様）との相互関係は未だに不明だ。感覚の脳活用が不明であるからで、心と意識とする。

原子論・量子論とは異なる脳理と考えられる。心と意識は不明、答の出ない難問。色の３原色（赤・緑・青）を多様に組み合わせるとどんな色でもつくれる。

「宇宙は物質でできている」（唯物論）

社会は量子物理（physical・物理）と分子生物（mental・心・心理）とに二極化した。物体性と生物性で「科学は人間社会に長寿と豊かな生活をもたらしてくれたが、どう生きるべきかは教えない」。

静かな夜やきれいな空気にどうやって値札を付ければ良いのか、加えて嘘やごまかしが混じり込むのを防げない難点もある。

そのため科学が使えない場合は、神話・宗教・イデオロギーにその役を負わせてきた。（P197）

幸福とは創るものである、経験・人との付き合いによって相対的に決まる。チャップリンは言っている、必要なモノは勇気とマネーだと。バリアフリーの逆で負荷を掛けないと発展しない。目標があると治そうとする。火事場のバカ力だ。密度を上げること。死もいいと生きる。

色に修辞力で多様と応用が絵、岩窟壁は美とする。

賛否は立場で変り、どうやっても現われる。人の性格で好みと忌避の傾向は消えないのだ。不利を追求し利益は隠すからだ。

「当面のモラル」でやっていくのだ。改善しながらさらにを目指せばいいのである。認め合うとは接着剤であり、分析から融合である。

「美しい花はない」…花と色を置換。

色変化はphysicalの資料リスト、必要・指令はmental。同じbox内に保存の記憶がベター、ノイマンだ。（P187）

⑯アナログ（analog 連続的量・状況）・デジタル（digital 数値）・カオス（khaos　ギリシャ・無秩序・混沌の人間尺度感）・ランダム（random その他法則性無し・自然尺度）

アナログ・存在は状況と意識され生態を分析。
デジタル・数値や言語で伝達は構成に応用される。
カオス　・推測と期待は上記の相乗効果と具体化。
ランダム・環境の原理や多様性を軸に生存は連続する。

人間生活に必要な建築の構成単位の背景であり、ランダムは自然淘汰。カオスは人間淘汰、生と死の端で切れる。まとめて哲学とした。英訳はphilosophy。その日本語訳は「哲学・人生観・知恵」と造語した。単純に「意識了解」である。表音語横文字は「誓い」と約束の発展性。表意語漢字は凝縮と「籠」の中に権力と並置したので判り難い。人間は「嘘と騙し、利益を欲し、隠す」の判別に単位活用を考えた天秤で物質と意識だ。多くは育成期に固まり生涯抜けない。神前で誓い、祈り効果は現われるのは東西共通だ。人間能力は体得・心象・観念の生成であり、生き残るとは環境適応と、対立の回避である。この知識と選択が明暗となり、変化の間で単位比較と応用が真偽を判定する。翼は風速・形・減圧・揚力と 4 次元効果だ。2億年～6千万年前の恐竜にも飛ぶのがいた、化石で判る。

⑰ 視覚限界(view limit)(波底不能)、(車の逆回転)・聴覚限界(hearing limit)、(大空間音響処理)・感覚限界(sense limit)(フラクタル幾何学)、(確率制御の確率論)、(シンプレクテック幾何学)

人間は知識や理性に限界があることを自覚し「考える」を実行する。人間は 5 感以外は不明、philosophy・哲学に包む。横に多くの意識を加え、ドップラー効果(P182)を縦とし未来へ向かう。時空全体意識化時代となった。「今何考えるか中味別とする」時空を加工する。符号化と「バーコード」は多層言語となった。自然界でも結晶は完全性や力を象徴する。地球は生命態とみなしリサイクルははじまった。視・聴・感覚限界への対応である。発見は不明の限界も示されるからで、視覚は迅速と合成し電子機器は開発された。迅速限界を超えるのは遅速化と制御、微細は巨視化、巨大は縮小、人間は光の周波数と強度のみに反応し波形には反応しなく、高いは紫・低いは赤色、光分析が単純で白色光と３つの周波数組合せでどんな色にでもできる。逆視と見えない紫外線・赤外線も多くある。電波は見えない。内耳感の運動・重さ・平衡感も何かと置換で判る。触覚も限界以上は不明、媒介物に替え判断する。人間は不完全なものだ。英語でいうmix upは「混同する・間違える」という状況を意味し「アナログ」を表す。明確な状況は「デジタル」。推測や期待は人間淘汰の「カオス」であり、限界がある。つまり始めと終わり（誕生と死）できれてしまうからだ。その他は自然淘汰「ランダム」となる。人間の限界意識の補完が「発見・発明」とされる。（P163）背景は属性であり「単位」だ、これらを知ると理解は深まる。具体的な事象に進める。

第3章
建築用途

1）用途と反応

「台所用品はいくら美しくとも、使いにくく洗い難いのはだめだ」

使用と後始末はセットである。期待・応用・処理は台所作業者の三要素で、相互間にデザインと機能が存在する。存在のアナログ(analog・連続変化態)でデザインと機能は衝突し易いが整うと秀作となる。システムキッチンの扉は、整っても内部が見えないと作業者の推測の期待に対応できない。用途と効果は使った人しか判らない、デスクプランの限界だ。この事項は建築全体に要求される。人は目的があって行動する。身体性の行動・心象性の利便・観念性の効果となる。身体性は自転車乗体得、速度二乗に比例の半径曲線に乗せると転ばない(傾きを逆方向にする)法則はあるが、知らなくとも慣れて覚える。心象性は、故郷の悪口を言われると誰でも怒る。観念性は、子供にランドセルを与える時の期待である。ひまわりの首動き(注釈：光合成)や、電照菊の対応反応も分子生物性の生態反応だ。期待に「閃き(誘導と控除の循環)」と因果関係は見えないから「なぜ」は難しく多くの人は無視し推測で予想とする。ドップラー効果に置換すると判り易い。

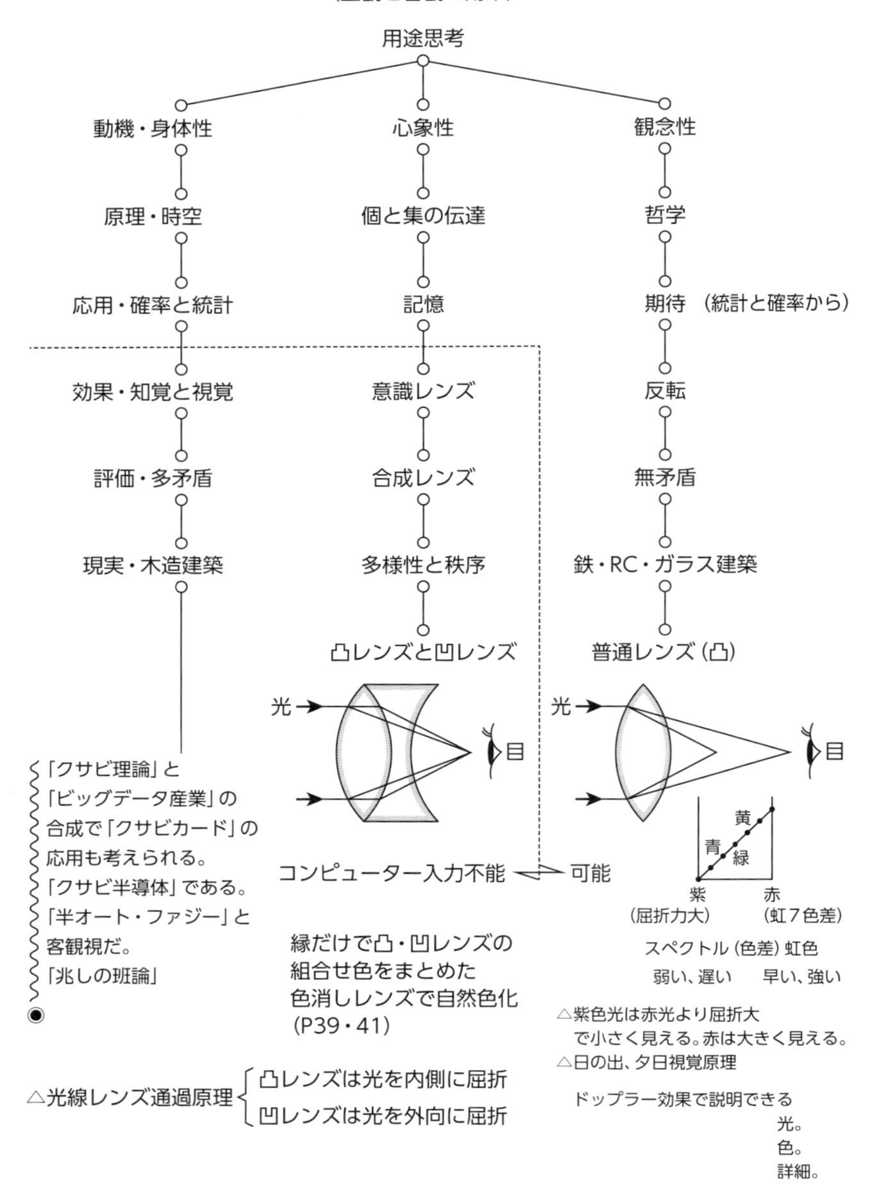

（主観と客観で効果）
用途思考
動機・身体性
心象性
観念性
原理・時空
個と集の伝達
哲学
応用・確率と統計
記憶
期待　（統計と確率から）
効果・知覚と視覚
意識レンズ
反転
評価・多矛盾
合成レンズ
無矛盾
現実・木造建築
多様性と秩序
鉄・RC・ガラス建築
凸レンズと凹レンズ
普通レンズ（凸）
光
目
光
目
「クサビ理論」と
「ビッグデータ産業」の
合成で「クサビカード」の
応用も考えられる。
「クサビ半導体」である。
「半オート・ファジー」と
客観視だ。
「兆しの班論」
黄
青
緑
紫
（屈折力大）
赤
（虹7色差）
コンピューター入力不能
可能
スペクトル（色差）虹色
弱い、遅い　早い、強い
縁だけで凸・凹レンズの
組合せ色をまとめた
色消しレンズで自然色化
（P39・41）
△紫色光は赤光より屈折大
で小さく見える。赤は大きく見える。
△日の出、夕日視覚原理
ドップラー効果で説明できる
光。
色。
詳細。
△光線レンズ通過原理
凸レンズは光を内側に屈折
凹レンズは光を外向に屈折

図 3.1　用途相関図

用途の効果はエネルギーのバリア(障害)処理で適応する。思考は期待・印象が行動となる、効果あると忘れるのが最適となる。大型建築は居間部分が集会場や競技場などになり大枠は変らない。用途は「人間生活空間と諸設備、人間行動の合成施設」となる。

人の動きは「生き方」のプライバシーとバックステージで鍛えられ、人と人とのつながりは「生活の仕方」のコミュニケーションとオンステージで相対的となる。この関係性を維持で人間と動物との差を構成する。不確定性要素を道徳、倫理と仮定し人間社会は構成されてある。最大と制約を受けるのは構成者の人類となる。建築構成の背景であり、人間に最適とはこれらを覆蓋とするが現代は多様な技術の発展で変化しつつある。具体的に生命倫理は遺伝子工学、環境倫理は自然の破壊や汚染等である。(P130)

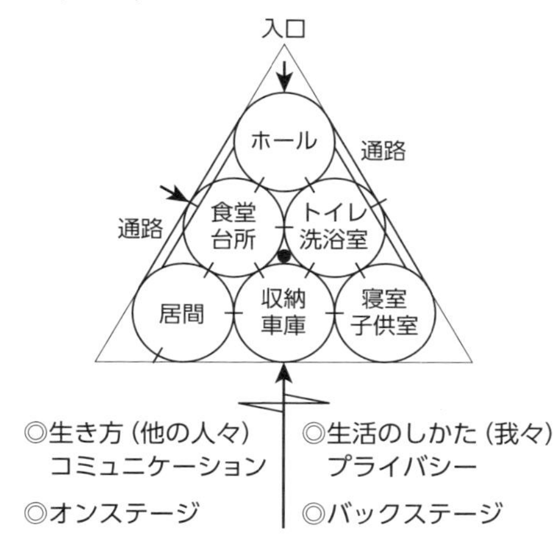

図 3.2　用途構成図

古代ローマの建築家「ヴィトルヴィウス(Vitruvius・BC25)」は、建築に「強・用・美」の三要素を提示したが現代は崩れた。強は1945年の核爆弾と放射能被害で使用不能、用は電子機器の1000万分の1秒で命令実行と高速処理の「マイクロプロセッサ」装置コンピューターは人間能力をはるかに越えた。1970年代に発達しパソコンと各家庭にある。美は抽象化され固定せず遊動態と常に変わる。

ゲーテ(1749 〜 1832)は親和力で建築物の三要素は、場所・基礎・仕上げとし用途は外している使用人まかせとしてその後機械発達した。

建築用途は多様化し定説は解体され、コースは類似併設となり、機械化は進み自動化や使用者参加型となった。車庫に駐車型の建物も現われる現代である。環境を求めて流体建物となった。フロイト(1856 〜 1939)は「関心」を、ユング(1875 〜 1961)は「才能」とを合成置換とした。体験できるただ一つの「複数の世界の理論」は変えられないが好みに執着は用途の複合と合成し変化しつつある。背景にEV(エレベーター)・水洗トイレ・空調・通信などの普及があり、間接的長寿となった。バックステージとオンステージの境界も薄く、軽く、透明な建築で社会もその方向へ向っている。

用途の効果は使用する人の「価値観」である。それは太古から変らない、前案・既存否定と類似を改良し有効性を高めて内容を変え、欧米思考の無矛盾系分析も限界があると判明した。核兵器である。対照の多矛盾系のリダンダンシー(redundancy・冗長性・ゆとり)の応用が日本の木造で乾燥し収縮で係数不能はパソコン不能だ。しかし千数百年前の建物も現存する。進歩とは障害も同時と両刀論法となる。

近代性とは「最小作用で最適化」である。最大多数の最大幸福は名句でも現実的ではない。現代は統計と確率から期待となる。欧米学者は本質と知識感覚を好む、原理性だ。日本人は従弟制度の体験知の真理と知覚感覚を好む。背景に災害多発の環境強裂から感覚・感情となる。欧米は自穴堀のブレンド型。日本は流木拾いのブランド型だ。状況は同じでも、背景は外省と内省の二つある。現代は交通発達で流木拾いに島国からでかける。地球は村社会でどこも離島志向となった。

国や都市の地上空間も気象対流により発生内容も変わる。少しの気圧、温度、湿度は触覚に敏感で気配と刺激に反応し直観遺伝されている。道具性化の用途効果と人類文明を充足させた。多様性で慣習や言語は異なる。対応の用途装置は「人間生活空間と諸設備、行動施設」となる。複数の人々が思考で行動差から分岐するのだ。太い「大黒柱」を中間支柱とし、田の字平面と周囲に部屋を配置するのは日本住宅の耐震効果の基本であった。強固と環境面で最適が残るからである。現代は行動分析から自由に用途適応へと変化した、力学分析で構法が発展したが耐震性は弱い。人間の賢さとは経験に応じてではなく、経験に対する応用能力である。経験は過去、カンは現在と未来につながる。凸レンズと凹レンズの「合成レンズ」と発展の努力となる。多様性と秩序から一つ選択も用途の一種だ。そのコースは、動機、原理、応用、効果と進む。アイデアや概念は、数値の確率と統計から物事や物体となる。予想どうりなら納得し、不足なら再度やり直しが一般的である。

ところが予測不能もある。サイコロを転がし次に出る目は不明だ。1/６の確率である。また、完成した庭の芝生の上に短距離の踏跡が表われる。状況性から最短通路である。人の身体的思考は観念思考より強い。切迫反応だ。子供達に多く見られる、小さい猛獣だ。予想以外の行動をする。大人がすると犯罪となる場合もあり、人と動物の差と倫理や道徳で囲う社会だ。意識から表われ無形で、木にぶら下って満足する。記憶と衝動は感情の陰影と形に現わす。刺激は意識下の表情となる。大競技場で大歓声の音響処理、照明、数万人用のトイレ設置数などは予想不能でも造らなければならない。(P83)

(a) アナログの状況系と (b) デジタルの理性系と二進法に分析は普及した。不能は (c) カオス・(c) ランダムとする。カオスは人間系尺度の加齢で過去と未来で切れる。ランダムは粒子性で常に加算される。成り行き次第と不確定性の停留作用と仮定し構築することになる。「存在幾何学B」(図3.3) となる。アナログの魚体と重りで調整、デジタルの粉の調整と重りでバランス良ければ用途となる。カオスとランダムは無形で秤に乗らず定説

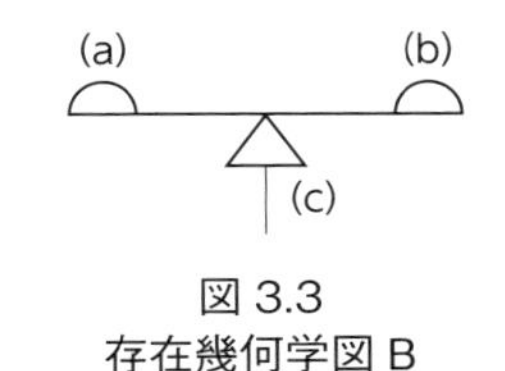

図 3.3
存在幾何学図 B

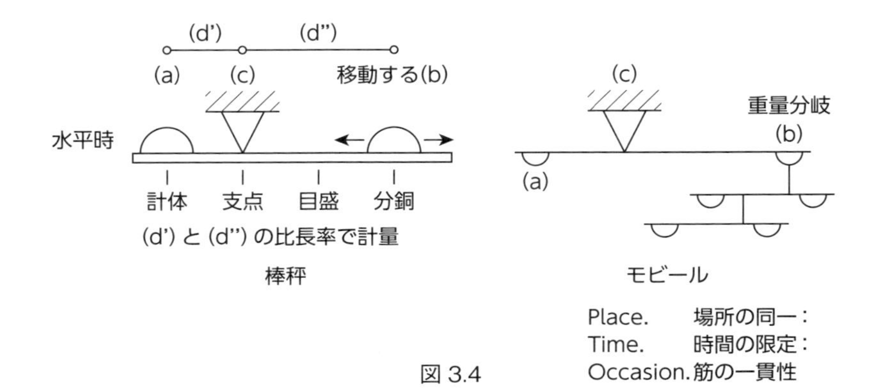

図 3.4

は不能となるがある。コンピュータ発達で分析グラフは多様で処理が用途主体となった。図形質から意識に転写した。(図3.4) 選択に完璧なくa・b中央点は現実にあり得ず、バックステージ応用、P・T・O意識差、物事の解は複数あり個性差があるからとなる。単純に言へば伝統・環境・利便性は並列せず自覚で補うことになる。図 b 反転図が動く彫刻のモビール (mobile・原義は「可動性の」) で連想効果がある。同原理の「ししおどし」は何百年前から日本庭園にあった。棒秤もあったが消えた。理由は計体・支点・目盛・分銅を媒介する機器が多くなったからである。クレーンは吊り上げの力を調節し位置も変える。

理論の説明は理路整然としている、実務は違う。いろいろと行程を経過した結果である。心象性で観念性を強調する。建築の機能は難しいことではない、誰でも多様に体験し比較できる。難しいのは実物大の連想で、2 階に居て 5 階を想定することだ。主観を客観と提示する集結の効果である。積極性と消極性とあるから、動機・原理・応用・効果のどの部分から始まるか不明もトイレで思い出す。

ウィトゲンシュタイン (1889 〜 1951) は「世界は事実の総体で、物の総体ではない。背景に何があるか不明」とした。感覚は洗練され目的は幸福となる。何が最善かは不用切離しで他者には不明、本当の意味は本人しか知らないからである。構想から始まり次第に具体化し、言語とは思考の枠組みを決める、というが気配や兆しは意識で言葉にならない。日本木造住宅に「縁側（えんがわ）」といわれた多様性空間は消滅したが幅を広くしホール状と有効化で応用され、多矛盾は用途の創造で、別の袋だ。(P151)現代化である。用途の複数化は促進する傾向となってきた。論理は無矛盾と多矛盾化だが人間感情には無用途の縁側も必要であり、外に独立の喫茶店と変わった。

エージェント（agent・代理人）とは、供給と需要の相関関係でカオス（人間尺度）の一形式だ。意識のフィルタリングで「用途」と確率と統計に依存する物理学となる。空間があれば双方に喜ばれ分析と解釈から「形而上学的が敗北した時、力学的が勝つ」となる。現実的に「人の心臓は左側、競争トラックも左回転」は力学的に成立する。つまり、意識とは半導体で導きにより誘導と排除を循環（P136）する。設定用途が別体と有効に切り換わることも多く発生は多用目的室と未来性をもつことになる。

第4章

建築美

1）共感の美　sympathy beautiful

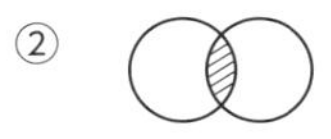

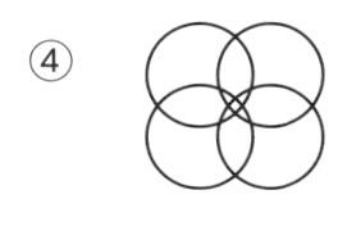

図 4.1

建築美とは物体の印象性、美しい、きれいなどの表現が核となり多様に脚色される。定説はないが要素は快適の共感。存在（図4.1①）・干渉（図4.1②）・三原則（図4.1③）・多重（図4.1④）のパタン・センタリング・プロセスと鍵はパタン・ランゲージで生成される。表現は無数で反応から認識される。人の心を動かす抽出の響きで“モノ”ではなく、尺度もない。湧出は人毎に違う。単独ではなく対比や対位の比較となり感情、意思、知識などに置換と統合される。美は感情の高揚である、感情とは気持と感じの融合で発生し評価と共感強調だ。「人間は感情の強さが意思決定を変える」となり「なぜ感じるのか」は知らない。経験の累積で砂糖は甘い、美しいは好感など体験要因を再生し説明する。理由は好きか嫌いで意識は半分しか作用しない。残りは別の反応用に待機中で好印象が現われるとすぐ変わる。身近な因果関係が効果的に働くため感情の原因を知る必要はなく、起

源より感情に基づいて優劣を誰でも毎日判別している。（P144）

人間は生の存続と死の恐怖が基底にあり、永遠の命を保証してくれる超自然的な見方の占い・神と現実の二者択一をせまられる中で、実行はただ一つだけであるから存続に魅力があり、生存願望に人気がある。昔から神、現代は快と美も加わり人類を支えている。美は平均美とトップ美と２つある。民族毎に方法は異なるが、慣習や言語で示され「技とモラル」は存在する。建築は自然にはなく、自作で構築し時代・文化・社会が含まれる。権威・寓意・物語の建築を重視の時代もあったが、近代以降の建築は実用性の建築と多くの設備も併設し、確率と効率を充足させ印象も身近な存在と親しまれるものとなった。概念やアイデアも科学の発達で多様となり、さらに美しくと共感は豊かさを育む建築美を追求されている。背景に人体の男・女は形・機能・位置・意識・脳は繁殖優先に成長する生物性が覆蓋されるから、対応する空間と立体美が必要となる。動植物任務は発生と同時に繁殖の使命を負う。他動植物を食餌としての戦いである。

美の因子を社会共通感で「美」と置換した。言語修辞のカモフラージュ、包む人間は文化と美醜差とし背景は無視される。「美」とはモノではなく「連想視覚快感」でバリアのクリアでピーターの法則、美は人毎に異なる、目的は自分に起る快感変化を理解することで評価は共通差となる。アクシオン・（axion・宇宙の地球に降り注ぐ未知の素粒子）の巨視化と言える、時空内に存在する。例・美人コンクール・コントラポス説・サブリミナル効果・ベリダム（きれいな美人）とジョリダム（すてきな美・フランス）・３の数・好きか嫌い・ラポール（rapport・フランス・相互の信頼関係）等々。

人間は視覚意識が80％は刺激となり、色と色との相関関係は強烈である。質量を色価（バルール（valeur・フランス））に換えて説明は逆転錯覚の整いが「美感」のサプライズとなる。日本の四季変化は、春の若葉と秋の紅葉は季節逆転で強印象だ。土俵入りも３態様変化、現実とはなれた幻想のドラマである。見慣れると飽きる意識も願望と回想の重層で自己内省と比較できる。「美意識」は個人的なもので「共感」とする背景には置換で覆蓋もあり社会性となる。推測と期待であり、共感は売れるネクタイのガラ、売れ残りは無視されたからである。

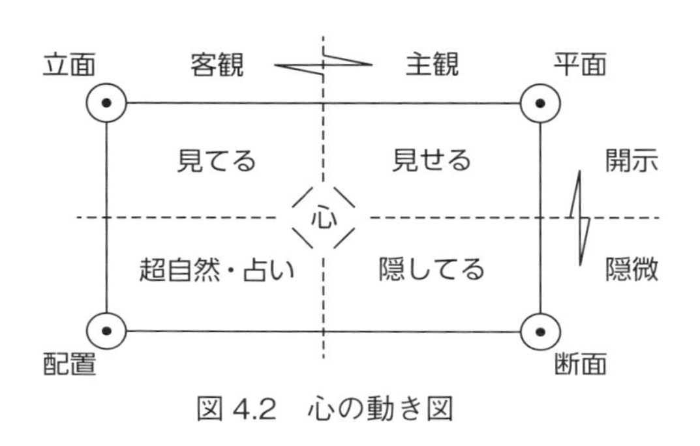

図 4.2　心の動き図

2）配置美　block plan beautiful　（見下げと見上げ）

建築敷地内の建物・道路・庭園等位置設定である。自然環境に要因類化と、独自環境構成と大枠はアナログとデジタルと二つある。具体的に男と女。双方両立する。アンビバレンス（同じ一つのものに愛と憎しみを同時に感じること、両価感情）。アンチノミー（二律背反・二つの事が対立し両立しない）。現代は人も荷物も車で搬送されるためその扱いで決まる。集合と分散型と別れる。水と樹木の応用は多いがどれも維持費は必要、水の浄化と水面清掃、樹木剪定、路面整備等もある。第一印象は公道からの入口仕様と門構えとなる。階段で威厳は少なく、防犯カメラ設置で選択の時代となった。科学の発展は上空からの侵入、通信機への侵入など多用となり、すべて役立つとは回路が主観的な場合で、客観的には無防備が多いことだ。整備は利便性強調で合議決定の民主主義とするが、利便性とはコインの裏表で、裏技は普及する過程で偶然現われることが多い。優れた効果発見ともなり、カオスやランダムと具体化だ。賛美の理由は時代と共に変化する背景で、カメラと電話はセットになり小型でポケットに入る、さらに指輪形に進行中である。完璧の存在はなく、状況に適応を最適と置換する。空調と環境の対応など。

饅頭を二つに割り、どちらが美味かと問われても困る。共感意識分岐不能は、強弱と覆蓋は討論の言語化で妥協となる。バイパス論だ。

配置とは「状況」である。過程を分析と、効果の分析とある。期待の効果であれば過程良好とする。

「アイデア・概念」（P169）
雰囲気（atmosphere）＝（physical）物質＋（mental）心理。
共感（sympathy）＝同意感覚は美意識にも置換可。
「数学＝代数・幾何」（P169）
統計特値（放物線）（parameter）＝分割＋約合＋変性。＝複合材。
形・色心理（Gestalt・ドイツ）＝相乗効果・現象単体毎でなく総和以上と認識。
「物体・出来事」（P169）
中世絵画（Kontrapos・ドイツ）＝相乗効果・身体は（伸張・屈曲・旋回）。
隔たり・隙間（gap）＝集成相対性に含む現象性。

設計の具体化は紙上に格子（grid）線を仮定し必要項目を設定する。軸線と重心を設定し配置は散在や固定もまとまる。季節気候を背景に出入口は設定される、動物も摂食と感覚器は前、排出は後となる。器官集団移動は食糧消化体となる。重要施設は核となり、応用導入と搬出は交差させず、発生は立体交差とする。移動の基本は熱や力の物理性は大から小へ、人間意識は小から大へと方向は逆である。分散と統合は流体となり控空間や退避空間も組込まれる。よどみなく人間移動と施設の利用が「美」と現われる。交通機関も連携となる。

3）平面美　plan beautiful

平面美は空間に入った瞬間の印象で決まる。印象は環境応用と人工物体応用とがある。演出効果となる。狭から大空間へ、暗から明へ、小から大へは印象に残る。動作では「出迎え10歩見送り３歩」となる。車に乗る人はトイレが必要だ。雰囲気の幻想は光源が見えない間接照明となる。展開図と平面で雰囲気は構成される。活用すると利便性、視覚意識がスムーズであることで快感と置換され、主観となる。物体（フィジカル）空間と心理（メンタル）の融合は雰囲気（アトモスファー）となる。室内気候は気温22℃、湿度50％、風速0.4m/秒。高層空間は上部高温、下部低温となり循環で調整する。

平面はプライバシーの隠蔽と開示のコミュニケーション空間仕切りが明確、使用設備も別々が望ましい。近代的な思想の根底には「自然を自己最適用にコントロールする」という主張のテーゼ（These）がある。ヘーゲル（1770 ～ 1831）の近代観念論は「精神の理性は現実的である」から始まった。「ミネルヴァのフクロウは夕暮れに飛び立つ」と言ったように哲学は歴史に遅れて、その時代の意味を把握すると提示した。フクロウは知恵の象徴とされている。バーナード・ショウ（1856 ～ 1950）は「人間が賢いのはその経験に応じてではなく、経験に対する応用能力である」と言った。客観を主観と置換した、「カン」である。

オルバース（1758 ～ 1840）は「夜になると空が暗くなるのはなぜか」と難問に人々の関心を向けた。満天の星空は美しい。星の発する光が宇宙を埋めつくし、空を常に光り輝かせるには光は不十分である。現代は宇宙空間は極めて大きく星の光が飛ぶ時間より宇宙空間は広く、宇宙の「端」は空間の端ではなく時間の端であり、宇宙には始まりがある意味となった。時間と空間は切離せないことも含み、建築空間も同様、夜は暗くなると照明の光で光体空間を視覚し、行動する。平面に空間集体を囲い、時間と物体で生活空間は床・壁・天井等を利用し雰囲気は美となる。

4）立面美　elevation beautiful

立面は対位や対比でギャップ（gap・隔り）は目を引き付ける。現代は軽く・薄く・透明となった。建築の立体性は存在に人や物体の出入口と採光の窓も必要で、形態となる。水平と垂直構成は基本で、現代はコンピューター発展で応力計算と技術発達は曲面・曲体も外部に多くなった。立面は常に見られている。絶妙なバランスと評価されるが定設はない。ギリシヤ彫刻は現代も賛美されている。15世紀頃、人体賛美で「伸張・屈曲・旋回」の三要素を「コントラポス」と言われた。心理学も20世紀前半に、形態心理は「ゲシュタルト」と、部分の集合体が相乗効果で統一体と把握される。構成・色・機能の融合である。以前は寓意でもあったが、質量とは単体で役立ち、量とまとまると別の意味を持つ場合となる。二重性・三位一体などは多い。黄金比は５：８の比率、三という数は多く応用され統一性を得易い。フレーミング効果（枠組みすること。原義は燃え上がること）である。枠組用と複数の必然的連結とプロットとも言う。構成は多様とできるが、視覚・感覚は能態と受態と一致するとは限らない、よいか違うか当人も不明な場合は多く他者の評価で判別する。

美しいと言語化は擬人化は多くなる。美人コンクールで受賞者は一般に、衣服・皮膚・頭髪の色合せ、体が見える部分、細く長い手足、細い関節やくるぶしなどは均整美を連想、優位が整うと劣性は隠れる。メンデル（1822 ～ 1884）は花色を遺伝子で発見、３：１とした。

盆栽の形態表現は、影響受けない特質か、外的要因を同じにするかとなる。独自性強調か相手要求に合致させるかである。高層建築は観る位置で印象は異なる。地下建物や洞窟は内観が外面となる。市街は街路側だけ観える。ホテルなど外観は窓だけ、内部吹抜大空間は外観仕様となる。装置化である。置換理論であり、評価は発見の強調、評論とは論者の美意識との比較で正誤とは無関係。書は千年、絵は五百年、建築は二百年といわれる管理維持で頑強でも寿命は変わる。関心が条件だ。

5）断面美　section beautiful

断面美の意識は移動的だ。旅行すると異なる建築を多く観るが説明は断片的だ、視覚や体験に遅れて把握する。現実を引き戻し伝達される。歴史と記憶の境界も薄い。機能要素は提示できる。外部から観えない吹抜けや立体交差、棟別や継手、区分が判る。人体断面図は表面に包まれた内部を示す。機能理解は観念となり表面美の背景で深層美となる。この分析は何かと置換表現となる。形態理由であるからだ。評価はそこまで踏み込めない、知らないからだ。デザイン発想は断面構成の逆説でこうすればこうなると思い付く。技術者はWhat・Why・Howを追求する。会話とは逆で、聴く人には常識的に半分は話す、残りは専門的で省略、10年罹(かか)る。

最適とは特性の一部で、感覚からデジタルの多層へ、特性特値の探策は断面の統計グラフ多層となった。Parameterは「データサイエンスティター」と統計から特性抽出と記号化数式となり、さらに記号化し核を抽出は個性である。シンボルマークは断面美の構成が多い。パソコンでできる。ウィルスを逆用である。非難をマスコミは強調するが有利性と攻防は時間差である、知らなければ何でも言え、優劣は本人しか判らないゲーム論となる。「宇宙は確率の法則に従って無作為に選択を行う」のである。サイコロを振って出る目は予測できないが近づくことはできる。人間は自己相似性を好む。フラクタル理論と1971年にマンデルブロが理論化した。果物の断面は美しい、外面から予想外も多い。断面図は重層が多くパイパス態で機能美と「共通善を最大幸福」とする。大型建築は効果は理解できても施設は難しい。数万人の人間生態は記号化も無数となる。確率はできても制御は不能だ。応援音響・必要換気・設置トイレ数など、照明は点滅でもレーザーは難しくなる。帰りの駐車場も大混乱。建築美とは、P・T・Oのバランスとなるが、地上だけでなく、上空や地下の応用で人間意識を整えるのは断面に示せる。（P137）

6）美の構成・色・機能要素

建築美の構成特質は平均意識からずれた事象にある。建築は安全安心を整える目的がある。人間は夜に休養中は必要でも、昼に食糧狩猟採集時には移動で不用となる。多くの生物は繁殖時以外は生地を離れ境界は生態次第となる。置換で場所性にこだわらない。気配の状況性には敏感で、定住はその逆、境界を好み、気配は安全が当然とする。そして快適共感を「美」と追求する。「人の心に役立つ事」を芸術とした。自然には無い自作品で、人力では届かない天体現象も美しいと言う。ニーチェ（1844 ～ 1900）は「精神の水の流れる川の流域に居を定める。たどり着くであろうゴールを意識し、無益な問いには「未だ」と答え、暫定的な原理（自己相似性の連想）（フラクタル）にしたがって人生美を探ることが求められている」と、人類を結束させる最も強力な融合剤は文化とする。文化の大型は建築で建材は太古からあり、変化は科学技術で加工と発展、加工と技巧のプロセスである。イデオロギーやアイデア、歴史の構成も仮設の一種で存在を示す。何とでも言える。立体交差でバリア回避は民主主義を公共政策の縦とする。協力で理性信仰は知的としてもズレから文明のショート（戦争）が発生し分裂する。宇宙の星も同様、美しい星空という。重力レンズ・ハンモック効果であり、完璧は無いから何かと置換し次々と変化し表われる。光や電子の応用は、光は粒子と波で断面にすると分る。（図4.3）ファインマン（1918 ～ 1988）のダイヤグラムを巨視化で分岐。天の川も太陽銀河系の中心部を籠の中から観える所と星の多層態である。「美」も意識の重層。意識の天の川。宇宙の構成差となる。方向違えは効果も変わる。星を乗せる重力レンズ・ハンモックが破れると出た破

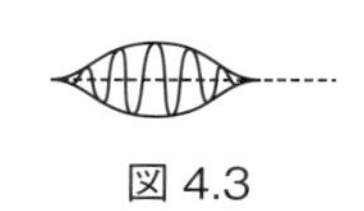

図 4.3

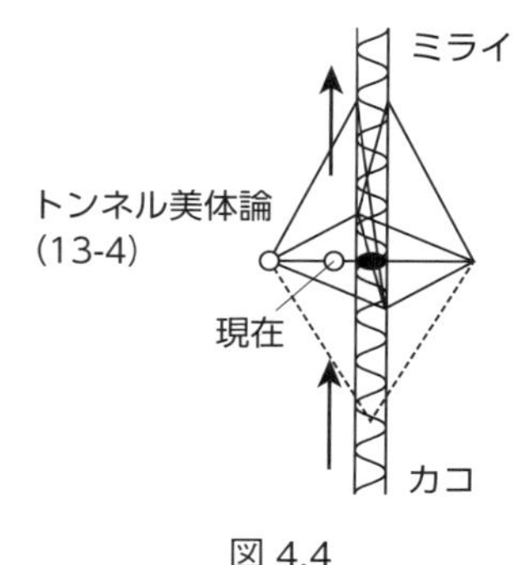

図 4.4

片は流れ星となる。「美」と経済は置換で同様、三行程だ、始めは効率、次の再分配は成り行きまかせ、あとは「したたり落ち（トリクルダウン）となる。結果は全員が恩恵を受け「最大多数の最大幸福」となる。しかし現実的ではない。形と光で決まる。美とは幻想で無重力態だ、共感の期待感である。（図4.4）

サリバン（1856 ～ 1924）は「形は機能に従う」と言った。機能を身体性とするか心象性とするかだ。融合は難しい。よくまとまると美の連想は生の高揚となる。ザハ・ハディド（1950 ～ 2016）は「パラメタリズム」とコンピュータ・モデリングである。（P84）

知覚の共感を形而上と「神・格言・美」は多くある。ニーチェ（1844 ～ 1900）は「神は死んだ」と言った。ウィトゲンシュタイン（1889 ～ 1951）は「祈り」とは、人生の意味についての思いであるとした。デリダ（1930 ～ 2004）は社会用言語は独創ではなく社会発生でそのコピーだ。社会の枠を外すと自由は多くあるとした。「美」とは状況や作品との「対話」であり、観賞者頭脳の周波数で本人しか分からないものである。これらを再現と表現が構成・構築となる。ピカソ（1881 ～ 1973）の「ゲルニカ」はいくら分析しても美は見つからない。解釈で隠れた大衆願望の「美」が分かる。現代はバックステージにも多用な秩序と美を抽象する時代と複雑性は多くなった。「8½」という映画（P93）は、太陽光が地球まで届く8分30秒を題名とした。人の「ひらめき」も速いが頭脳通過時間は遅速とあり人毎に異なる。（P29）

第５章

建築計画

１）計画の発生

建築は施主が計画を必要とし、建築家は願望を表現する。計画と願望の媒介は社会の状況であり、個体・液体・気体・光体の合成である。

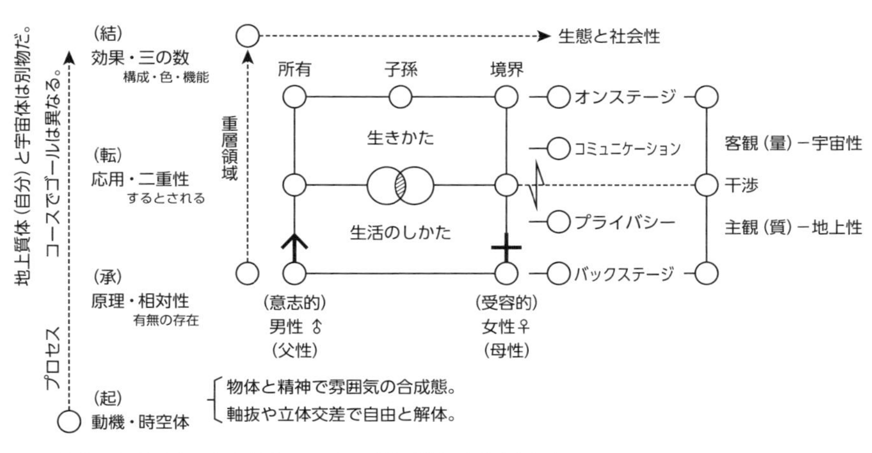

図 5.1　建築領域図

偉大なのは言葉ではなく奉仕する感覚である。人は個性で好き嫌いがあり皆違う。人は何を欲するのか自身も不明。人は一般に自分で知っていても本当のことは言わない。誰でも合理的行動をするとは限らないものだ。生まれ付きのリーダーはカリスマ性（人気）があり、他者の良いところを探し背中を押すのである。

計画で大枠を設定し詳細は当事者次第となる。要素3種。最小作用原理・不確定性原理・共通善まとめてso in dark（夕暮態）となる。レオナルド・ダヴィンチ（1452 ～ 1519：モナリザの作者）は「女性は夕暮の顔が最も美しくなる」といった。これは光線変化は環境の雰囲気も変化と同調するからであり、朝焼け・夕焼けは毎日あるのだが実体を見ることは希なことなので誰でも美しいという。また空間に何か加わること、光は色と対応し動きのある干渉と脳が刺激を受けるからである。

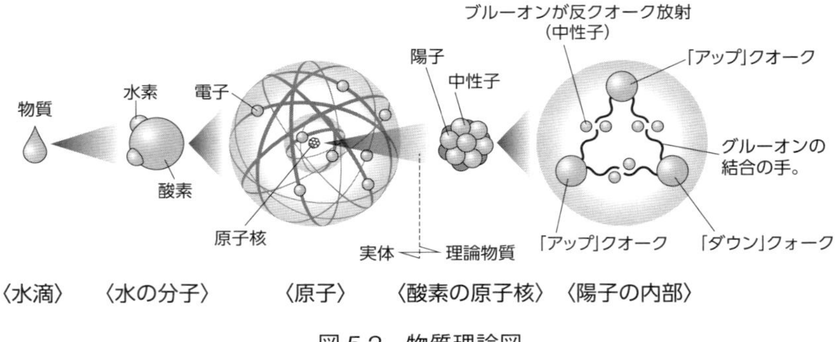

図 5.2　物質理論図

建築の集合体は都市となり、環境の特徴が現われる場所で、人工的なジャングルだ。都市は制度が人に関わる場で人々は文化と人工性に慣らされる。農漁村では晴も雨も期待が主役となる。社会構成が少しずつ栄枯盛衰で入れ換わるのは世界共通で、天体も同様である。しかし地球上より巨大なので時間差がある。人類は天体変化の応用で建物を構築し生存の背景に思考と行動がある。政策は確率と統計で決まり変化は多様だ。正誤はなく、状況に応じて優劣がいえるだけである。建築計画は理想、設計は構想、施工は実体と進行する。現代は科学の発達で効率的になり、人間の豊かさと長寿を支ている。「最小作用で最適化のオンステージはバックステージで鍛えられる」ことを充足させる施設の建築効果は当然となった。計画は配置図・平面図・立面図・断面図で示される。P・T・O（place：場所の同一・time：時間の限定・occasion：筋の一貫性）の違いから計画案は２案ある。環境と利便性で適者生存の適応度（titness）でより適した物だけを残し、不適なものは消滅する。これが人類の文明と優越性では基本的論拠となり詳細は無限と拡大し、西欧の大陸性は攻防の自穴堀型で勝者が残る。東洋の日本は他に発生時不明の自然災害とも戦わなくてはならず、切迫反応は人力の抵抗不能なので回避か逃避をすることとなり、適応は相対的で環境変異は尺度も異なり相関性の流木拾型となる。計画方法は用途要素カード作成、共通グループ編成し、必要度順に横や縦に並べると無数にできる。しかし実現と体験はただ一つだけである。宇宙は確率に従って無作為に選択を行う。確率とは一定の結果が出ること。パソコンは1000万分の１秒で指示通りの選択を繰り返し行い、指示の結果があれば表示する、無ければ「指示待ち」表示となる。正誤には無関係で、プログラムは人間が設定する（注釈：人は視覚・犬は骨・猫は重力に反応強＝本能）。最適ではなく経路通過の集体で文字やカラー写真となり正と誤解する。

建築は物体の物理学と精神の関心と能力で合成し雰囲気と現われるピーター法則経過だ。物理学は確率や統計に依存している。統計とは多数を数字や図式で示されるが人間心理まで踏み込めないものだ。代案と時空を提示する。多数を正と誤解は謎である。ピーターの法則ともいう。意識は小から大へがある。（P141・169）

アイデアと概念の論理は、数学の確率と統計などに媒介依存され出来事や物理の物体と認識しているが統計は人間の心理状態を忘れている場合があり、存命中にすべての統計値は表われない。アイデア・認識もバックステージとオンステージの間に無限の媒介因はあり、白と黒の間にグレーが無数ある。峠理論だ。自己相似に役立てば真理、知識の累積は本質と成る。「What＝Why＋How」のセンス（sense・感覚）の一種で、神話・童話の中の潜在意識となる。人の心を読むことはできない。集団心理はさらに多様、無文字の民族は、ある物質を最適・有意義感情主体（fetishism）と置換し有用以上に執着し呪物崇拝する。現代人は科学を変化させ進化する。現実に電子マネーもある。選択は人間尺度が精神なので、どんなやり方も完璧ではなく状況に応じて最適の方法が共通善として選択される。個性・加齢・性別・体験などの差異から議論や計算では「plan・do・see・check」と評価にも差が表われる。建築も競技場など大空間の大音響処理は非常に難しい。スピーカーとの距離差を同等に扱う技術は時間と音波、さらに発生時予測は不能。これが社会学で権力の発生因だ。形を変えて循環している。集団には個人と違って一語で意思表明ができないから置換の制度や方式が必要となる。選挙や議会の設定も時は人を待たずで不備もある。

2）計画動機

動機因と目的因の間にgap（隔り）・plot（必然的連結）・parameter（統計特値）・trickledown（したたり落ち）の知識は必要で、これらが循環し計画は固まる。

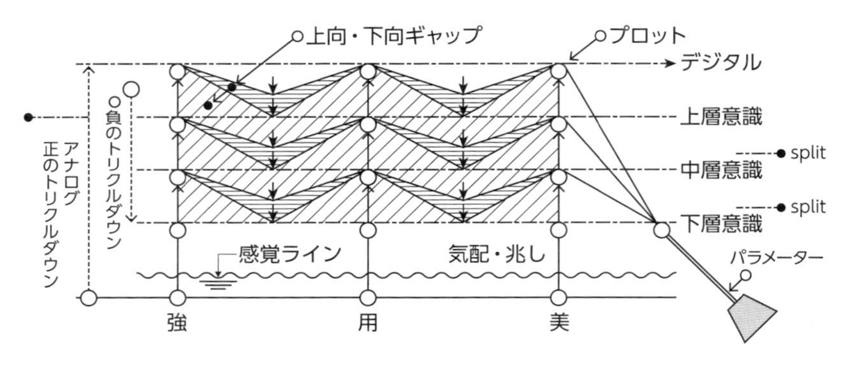

図 5.3　建築計画分析図

月に行く方法を考え出せる人達が「私は誰なのか、私は何をすべきなのか」に答えられない。建築を必要とする理由も同様、「どう生きるべきか」は不確定性領域で、小さければ小さいほど「パラメーター測定は正確である」と覆蓋を広げる。(P65) 完全さは多様性と秩序の相互関係が単純であることだ。現実にパワーで分割、可変性の融通は適応と平衡、釣り合い原理とする。ギャップはすぐ判る。トリクルダウンするのだ。経済も一種のハンモック、ハンモックの編目から漏れるからで、宇宙内のパルサーは星の化石、ブラックホールは星の死骸だ。プロット効果の「何故・如何に・何を」をよく知りたいの望みに答える要素だ。ストーリーとの差である。「王妃が病んで死んだ、一ヶ月後に王が死んだ」は事実でストーリー。プロットとは「王妃が病んで死んだので、悲しみのあまり、一ヶ月後に王が死んだ」と複数事実の「必然的連結」と置換願望に対応演出である。「命を失う」原理から書くと、人はリスク (損害を受ける危険性) を感じて避ける⑴生き方に変える⑵「フレーミング効果」を含み⑶強印象となる。戦友性ギャップである。論理学の「ベン図式」(図5.4) も「not・or・and」と否定から並列し印象を強める。英単語「miss (しそこなう)」も状態で副詞、状況に結合中性子成句である。(P104)

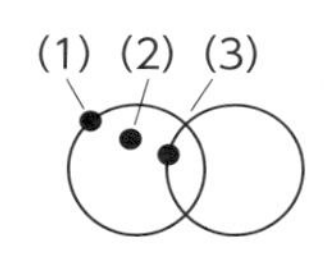

図 5.4

建築計画も列挙することは単純、気分の切迫順に並列なのであるが、世界中の構築物に同じ環境内容はない。平面図は同じでも階数と向きで日照と風は変わる。好循環の確率と効率の追求となる。空間は無数でも同時性は存在不能だ。厳密な原理はあり得ない。補完の設備を増えても許容値があり限界を越えるとバブルとなって弾ける、建築では座屈と折れる。また人は慣れて飽きるのだ。刺激の疲労でだんだん強いものを求めることになる。

近代化建築巨匠の理論概要の共通は他案否定で多様から実現は一つという事例が無数ある。変化と共に生まれる新しい文化を目指すのだ。

1．サリバン（1856 ～ 1924）機能性と外省分析を表現。「形は機能に従う」
2．ライト（1867 ～ 1959）有機性と生態分析を表現。
3．ミース（1886 ～ 1969）less is moreと空間効果の追求。
4．コルビジェ（1887 ～ 1965）構体寸法と黄金分割、ピロティ等RC分析。
5．カーン（1901 ～ 1973）擬人化とソーインダークの動態分析、するとされるに。
6．ヴェンチューリ（1930 ～）ゲシュタルト心理のゲーム表現。
7．ザハ・ハディド（1950 ～ 2016）直線と曲線で自由性の追求。「パラメタリズム」
8．コラボレーション（共同製作）で単視性から多視単体化へ。
9．新時代の空間と設備の開発や汎用と自由態へ。

1 ～ 4は「視覚性」、5 ～ 9は「立体化の連想性」と発展する。発声や言語も視聴覚への対応から心理へ移行する。豆（peas）はセットの部分（piece）となり、状況から平和（peace）の心理へ「ピース」、胸に十字だ。表意の日本語は相撲の賞金受取り手型は「心」の文字だ。

環境に適応は残り、不適は消滅する。近代建築は鉄とRCの大量生産と大量消費の生産技術から活性化した。多くの方法・技術が発展し概要は集団用から個人用と循環を繰り返す。作品の効果は人間の思考を刺激するからだ。技術は土木・船舶から建築に移行したものが多い。物体の上下移動がエレベーターとして実現され、建築物高層化の背景となる。また第１次・第２次大戦の廃墟復興もあり、通信技術も距離を無視できた。移動と通信の自由を人類は初めて獲得し、交通発達は大都市を世界中に散在できたのである。「プラグマティズム」となる。

現実は「物体性から人体性」への転写である。物体も人体も構成体は原子に分析できるが、構成プロセスは大きく異なる。人類は思考し補完用に物体を加工する。人間限界補完が発見・発明となる。

機器の発達も同様で、人類は新しい時代を始めて中間加工用に自作した。時代に合成は効果と時代に反発は弊害で並列し潮時で変わる。時代内要は人間の反応で固定せず育成期は熟成する。歴史家は踏み込まない、意識する人に委ねる。計画と幾何学は相関性である。

3）国際設計競技

建築計画競技のコンペティション(competition)には国際的なものがある。資格は一級建築士、費用は自弁。規日制限は短い。そのためコンペ用案をストックする人も多い。日本で実行されたのは、関西国際空港・東京フォーラム・横浜大桟橋などがある。皆外国人の案が選ばれ建てられた。日本人の案より優れていたからである。建設予定地も資料で理解し構想する。シドニーのオペラハウスも国際コンペ作品で、現代の名作として知られている。欧米では常時攻防と、コンペは行われているので、慣れている。日本では少ない。全作品は公表されるから計画レベルは応募すると判る。他案と比較できるからだ。作品には個性と国毎の特性が表われる。思考性・国民性・環境の理解性が覆蓋されている。単的に外国は油性、日本は湯性だ。外国は予想・自穴堀・ブレンド・構成的だ。日本は気配・流木拾・ブランド・表面的だ。

オリンピック用に新国立競技場のコンペが2012年に実施され46件の中からザハ・ハディド(62)氏の案を当選したが破棄された。島国と大陸性の思考差で文化と人類に奉仕する意識のズレだ。意識を強めたのが「力」から「文化」に変化した事例である。

4）計画構想

建築構想は身近かな材料利用でなければ実現しない。軸組と組積(そせき)の混合となる。現代は技術が発達したので形態は自由、内装も機器の発展でナビゲーター(navigator・進行役)は多様、規範の拘束はなく日進月歩の時代となった。失って始めて気付くのが自由、若者は願望、加齢者は郷愁でも好みが実現するとは限らない。建築表現は軽く・薄く・透明と多様な機器性を代弁する。空間性は調度品と形態で雰囲気が現われる。物体は心理と融合で示され上品は優勝者といえる。「語彙」の修辞性があり持物に現われる。「歴史は伝説や気高さを好み、戦いを記憶、流した血を忘れる」視覚は心理まで踏込めない。誰でも自身と戦い一瞬の視覚で「ハッ」と判る一種のエネルギーだ。二日酔い翌朝に神経の受・発信は鋭くなるファインマンのダイヤグラムだ。飾りは周囲がそれによって効果の意識（gap）を覆蓄され連想を励起する。快や喜びは構想波動で波頭を見せ波底は隠す。誘導性が「美」で揚力となる。外省で内省は不利を追求し利益を隠すからだ。

躊躇の摩擦に勝るのは迅速だけ、飽きるのも同様である。相手に「なぜ」と思わせないからだ。ジェット機は速いので普及した。トンボは二枚羽根で遅速自由と小型ヘリ式で気圧に対応している。ヘリコプターは高度6000ｍ以上では気圧が小さくなり揚力不足で飛べない。

感動は物事に強く心を動かされること。感激は嬉しいこと、奮い立ち励起することである。感銘は忘れられず心に深く染み込むことで、見事だと感溜する。これらの心情は関連基礎知識無しでは雑音としてしまう。猫に小判だ。体調・性別・加齢・立場・場所・環境で差異がある。人間は所有欲と性欲が最強でも倫理で制御の置換社会を構成し、言語と経済で補完する。感情は気持と感じの融合で、その強さが意思を変える。「now how（今、どうするか）」と、「how to（方法・仕方）」の２つを通過状況を見定め物や時間の意識で決める。人体の男・女は形・機能・位置・意識・脳は繁殖優先に成長し生物性が覆蓄され、人工時間に「くしゃみ」可能と対応空間が必要である。動植物の発生任務は繁殖の使命を負う。背景は生態相対性の食餌との戦いだ。星の発生と消滅も光重力（引力）レンズの干渉戦となる。

脳は連想具で、物を考える時はいつも一人だ。夜、闇を見つめて学んだ事の「何をするか」が第一、次は力を得ること。自分の人生をどう生きるかだ。女性も家電の発達で時間ができた。半導体元素の活用効果で自信を持つことだ。考えが人を築くのである。原理はドアが開いて中にあるが人に役立つか否かだ。住み替え容易の市場性も対応の一つである。「古さを捨て新しき物を、偽りを捨て真実を手に、神の御加護を」と祈り固く誓いで示す。好敵手が居ると加速する、ダヴィンチとミケランジェロもそうだった。二重は力学性と意匠性を含み自由だ。ダヴィンチ、リンカーン、トルストイ、ニーチェ、カーンなど、世界史に残る人々は「孤独」を好む。「世界と愛する者との両方は救えない、それから選べ」人は何を成すともそれはある断片にすぎない、全ては不能だ。達成するには何かを犠牲にしなければならない。退屈作品は駄作、「一つの美態が複数になると傑作」となる、「ピーターの法則」「メンデルの法則・優は劣を隠す」。作品はともかく心意気は必要。男は度胸・女は愛嬌だ。「アモーレ・アモーレ・アモーレミヨ（心から愛している）」。

「心惹かれたら一途に愛する」つまらぬ相手なら見る目がないのだ。愛する者と状態が結ばれて心は安定する。心の重荷が取り払われた潮時こそ本当の安らぎを知る。時は人を待たない。生理性により人は他人を引き付けたい心を持つ。行動も一つしか出来ない。「鳥は飛ぶ方法が２つある、上昇気流応用（気体内渦巻体）のトビは螺旋の遅速、乱気流では迅速飛行とツバメの直線と曲線で旋回」。飛行機は直行主体、翼の固定化（ベルヌーイの原理）・上面凸（図5.6）翼上部気流低下で揚力が発生する。逆に強風圧吹出利用はスプレーガン（ヘアドライヤー）で濡髪を乾かす上昇気流、遅速と迅速の応用である。物体の固定化（建築物体）と人身行動体（重力移動と生態仕様）に置換すると建築計画となる。身近なら速く目的地到着（切迫反応対応）ができる。ハワイのスーパーマーケット（トラックも運転手付きで時間売りする）では建物から離れた駐車地に停車する（アメリカ大陸性生態反応）車庫は建物の一部だから自然外部（外気内運動効果）を歩く機会の目的がある。星は自転し光の重力レンズ（引力）で他星との衝突を回避する（巨大相対性理論）（銀河団とvoidの相対性内で）。計画構想（生態相対性理論）も回避重力が基底にあり障害有無尺度で現実を

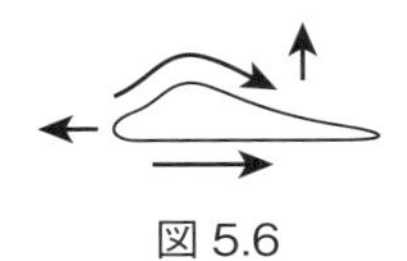
図 5.6

無矛盾（科学相対性理論）と多矛盾（主観と客観）の間を循環、それはオートファジーとする（微細相対性理論）（細肪自食作用）（置換相対性理論）。4月1日も。

ハーバード大建築学科教授セルトの建築計画手法。（槇文彦著『記憶の形象』より）

1．周辺の状況との対応関係。
2．建築がつくる外部空間スケール。
3．人間の流れ。
4．淀みに対応するプランの明確性。
5．適応なスケール。
6．断面の三次元的な空間の展開。
7．自然光投入法重視。
8．開口部（注釈：空間）の変化とリズム。

リッテルの意地悪な問題。阻害探索。
1．建築設計に明確な定式化をもたない。
2．問題の定式化は解の定式化に対応している。
3．終了規則をもたない。
4．解に正・誤はない、優劣かがいえるだけだ。
5．問題を解く手続の完全リストはない。
6．問題に複数の説明可能、選択は世界観に依存。
7．全問題は高次の別問題のあらわれである。
8．問題も解も決定的検証手段をもたない。
9．全て一度きりで試行錯誤の余地はない。
10．全問題はユニークである。独特で他に同じはない。
11．しかし責任はとらなければならない。

第6章
建築法規

1）秩序保持の立体化としての法規

社会生活の秩序を保つ国家による決まりが法律（law）だ。法律上の規定を法規とする。建築物は役所に設計図を提出し許可を受けて構築できる。法規の特性は人間生命と環境の維持だ。最低限の基準でこれを守ったから安全ということではない。建築基準法・都市計画法・消防法・水道法などが主体である。固体規制と集団規制に分岐される。構築物が対称で人間心理まで踏み込まないが、相対的で一方に権利が発生すると他方に義務を負う。自然は人間に無関心で人間が考えるフェアプレーはない。自然の大変化を災害という、その強大性は山も崩壊させる。避難方法とその時間確保は必要であり、災害多様な日本の宿命である。多種多様な制御と無限で、法規は必要を示すが詳細は当事者意識となる。社会の共通に求める制度は確立するが、今日では「適応性（availability）」の方が制度より意味のある言葉となり、人の幸福の追求にいかに敏感かという性格となる。共通善と税金を出し合い、基幹施設の道路や水道の整備を行い現代の建築や都市を支えている。インフラストラクチャー（infrastructure）、略してインフラである。公設性は当然とするが背景に多様性を覆蓋する。法律は生物的で一語・一句・一行に意味があり、肝要なのはそれが発生した背後のドラマである。完全さは多様性で自然現象の豊かさに対応と、秩序と相互結合で自然法則が基本的に単純である。熱と力は大から小へ散逸である。人間の意識は小から大へと逆なので衝突する。交差点に法律の設定と点滅灯設置で調整となる。無視も現われるからバイパスとパターンは多様となることになり、秩序保持の立体化となった。変化とは別の「平衡状態」で、自覚できるか否かとなる。法規とは、社会という集団の人為性変化と相対の仮設態であるから状況が変化すると不合理も発生する。①人間と物体の権利。②財産取得と保存の権利。③正当と不当の論理。④不当や権利の侵害など、伝統や習慣などの差異から現われる。権利は利益、権力は支配や侵害となる。

2）人間の行動と意識

山岳地や原野などに建築法規は適用されない。インフラはエネルギーの自設で設置できる。ヘリコプターで運送できる。太陽光発電は高山の山小屋でも利用されている。

未文化国では「神」で囲い、先進国は法律技術で社会構成をコントロールする。正誤ではなく状況との相対性となる。利益の権利、支配の権力、侵害の排除などが動機で目的となりこれらを客観的に言語で思考の枠組みを作ることになる。人類は占星術（せんせいじゅつ）など原始性から始まり、宗教と発展し現代では意識と行動の生態性に組み込まれる指針の法律となった。近代科学の発達は分析により物体や物の成行きが判明してきたからである。しかし、不明部分も多く浮上した。

法規で規制しても、それより別の方法と有効な論理が現われると有名無実の規則となる。社会は常に変化するからで、生態を変える要素となる。どうするかと審議中に新現象は表われ現状を追認する場合もある。いくつかの「選択肢」に直面したとき宇宙は確率（可能性の度合い）の法則に従って無作為に選択を行う。人間には言語と経済があり生活に応用している。暗に「ウソ・ごまかし・利益追求・隠す」も含まれ秩序を保つ方法と法規が増加する。

3）建築法規はなぜ変わるのか

取得と保存は難しい時代となった。正当といえる範囲が薄くなりその理由は判明しても巨大な宇宙性に人間力の弱小性も分かってきたからである。無数の変化から人間が体験できるのはただ一つだけである。「複数の世界の理論」となる。一度に複数の内容を求める多数の必然的結合性の科学が発達した。媒介効果は有効に働くと即反応する。科学が発展した因子で、置換の発見と構想の応用は世界の意識も確率と替えた。特性の複数組合せは量となり別の意味となる。法規の動機因は目的因へと一方通行が前提であるから途中分岐は不能と設定理由を固定する。確実性の主体は外省を排除する。多様性回避により法規の要素を強めるからだ。状況が変化すると不合理も発生する。現実とギャップの現象で、ギャップが人々の興味を引き寄せ規制外となる。都合よければ喜ばれ、不利な場合は規制改定となる。

「競争的排除」の背景から人類は世界中に散逸している。人間という生物性は、同じ生態的地位の２種は同一場所に共存できない（分離とガウゼの法則）から独自性を求め移動する。狩猟採集生活時代は特に多かった。食物源を求めて移動した。食用植物栽培で定住社会になると人間は様々な利益を得るために、競争より協同を重視し寄り集まり現代は権力意識と置換した（アリーの原理「個体は利益を求めて集まる」）。他者との合意も相乗効果のためである。応用が強力な時は反動も現われ生態変化に規則が必要となり境界侵害の阻止も発生した。戦争である。化学物質の濃縮は害虫を避けたが人体にも影響する。地球上の生命体全体に拡大した。現代はエネルギーを多量消費しその影響は多様なので部分的対応は効果なく全地球的に問題化し国際的法規が必要な時代となった。人間が利用する建築物体にも悪影響を及ぼす。人間意識の変化から、放射能拡散・テロ事件・サイバー攻撃・地球温暖化・無人機・電波障害などもある。有利と不利はセットである。

4）法規の正当と不信の意識差

法規に対する正当と不信の意識差の核は何か。建築に限らず、近代思考の根底には「自然を人間用にコントロールする」という主張がある。適応性が正当で他は不当となる。人力の及ばない出来事でも偶然とする。我々が普遍的と思うルールも何らかの平衡に関係している。現実に人間の加齢と性別、自然環境などはそのように違っているからだという説明は易しい。平衡は人間にとって必ず最適解ではないため、法規の必要がある。必要とする目的達成のため働くこともできるが、自分はせず他人に金銭的価値を媒介にやってもらうこともできる。ルールと双方の妥協で正当と仮定される。言語の法規とは個人的に設定ではなく社会的意味の転用である。P・T・O次第では不適もある。言語の修辞性は物理的用具ともなる。人間と物理性の根本的な違いは目的の有無にある。例えば火事になると人も煙も外に出る。人は出たい目的が理由である。煙は暖いから物理法則に従い上へ出る。動きは似ているが理由は違う。社会性の「不確定性原理」(P83) と現実の論理で伝統や習慣に左右される仮設の設定である。各社会で洞察の次元は異なってくる。欧米は人間優先の大陸性で「国境侵害と支配」の権力は攻防で変り易い。情報の伝達も発展した。島国で高温多湿の日本は四季変化の環境が待てば必ず流木のように現われ、地震・台風発生時不明の災害強裂は回避優先となる。電車がホームに入ると走り出す。玄関の扉も外開きと、体得の現実である。

gap + plot = parameterは相関性理論となる。parameterは統計の集特値で、量がまとまると大きな価値を持つようになる。外国ではと学者は言うが背景の差で異なる場合もある。現代は無矛盾と多矛盾と並置する時代となった。(P169・170)

この意識はまだ普及せず醸成中である。言語で伝達、経済で置換は人類発明の双璧で（＋）と（－）を持ち判別にも応用される。中性は自然態で状況によって変わる（反plot）。放棄は制御からバイパスに変化中である。傾斜地で低層住宅上空に上部建物から「ツバサ」状に伸ばした建物も可能。まだ実現されていない。「空中権」応用は法規にはない。効果は多くある。作用は多様性と対位性でベンチュリー論だ。動物の形の建築も造られている。

法規は判った、社会は個人の寄り集まりで必要なことも。では、個人の場合はどうするのかは「自覚」となる。

初期　1．文化とはよいことを言う。はげみになるからだ。
　　　2．言語とは思考・意識の枠組みを決める。
　　　3．経済は自分でできないものを代価と交換すること。
　　　4．上記三角形の中心に人間がいて他と連係できる。
中期　5．個人より集団は強力となるから利益を求めて集まる。
　　　6．初期は共産と子供・女子・老人も集合し相互補助と生活。中期はまとまりの強化と独裁化社会。後期は多くの知識と経験の普及で民主制と順序がある。
　　　7．それは人には潮時があることを意味する。加齢と性別・知識で分かる。
　　　8．新しいとは独立した工法の組合せをいう。
後期　9．これらを背景に「生きる」の設計図を作り実行する。「すまい・光・食糧・性的伴侶」の獲得競争である。
　　　10．強さは二つ、多様性と秩序（ルール）で完璧となる。
　　　11．生き残るとは対立を無くすこと「環境に適応は残り不適は消滅」の自然法則である。
　　　12．自由であるが「選ぶ術（すべ）を知れ！」ひとつじゃない。ひらめきで得る。生の高揚となり具体的は売れるネクタイの柄となる。
　　　イタリア映画でフェリーニ監督の「8½」（1963）は記憶に残る作品である。（P77）

第７章
建築主材料

建築主材料は６種あり、地球表面付近にある。

1．石材：身近にある。地下にも。
2．木材：地上。
3．鉄材：石から抽出。
4．RC（コンクリート）材：石の特性結合。
5．ガラス：砂の特性結合多層性。
6．プラスチック：分子分解再生結合。人工物質。

1）石材　stone

石材で造られた石造建築は欧米に多い。大陸の地表を構成する主要素で身近にあるからだ。砕いて四角に固めたレンガは粘土・砂・石灰などを混ぜて練り窯で焼き上げた物体である。

図7.1は地球断面で太陽の1/110。中心核温度4500℃、圧力は大気圧の100万倍である。

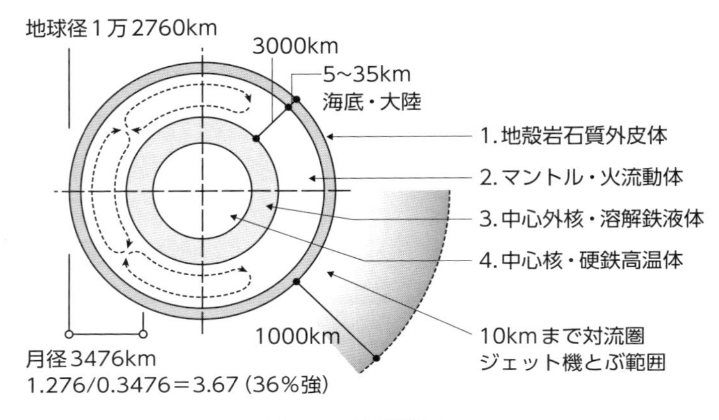

図7.1　地球断面

地球外皮は陸と海で構成され、地表の3/4以上は海面である。周囲は空気に包まれ、太陽光で蒸発した海水は気化し雲になり冷化された水滴が降雨となり岩石を削る。岩石は表面の冷えた部分で、マントルは移動し対流する。表皮プレートも影響受け分割亀裂の移動が地震を生み出す。太陽風でマントルは電子粒子流に向かう側は圧縮し、裏は尾引き流れは対流因となり、それは夜と朝の交替時に地震が多い因子ともなる。人体の身震い同様である。大陸は地層厚くわずかでも海岸近くのプレート境界は移動が強いので大地震となる。熱と力は大から小へ波のように移動し消滅するからだ。(P33)

宇宙は138億年前、別宇宙が崩壊した時、宇宙の「はね返り」の「種」でビッグバンの大爆発が発生し時間と空間は始った。92億年が過ぎ今から46億年前に銀河団の中の太陽系で惑星の一つとして地球は誕生した。月を衛星と伴い太陽家族である(水星)(金星)(地球)(火星)(木星)(土星)(天王星)(海王星)(冥王星)。す・き・ち・か・も・ど・て・か・めと9種の時代もあった。「好きと誓いもどうしてか珍らしい」

銀河団　中心核の存在有無論は現われない。１光年は光が１年間に進む距離、９兆５千億km。

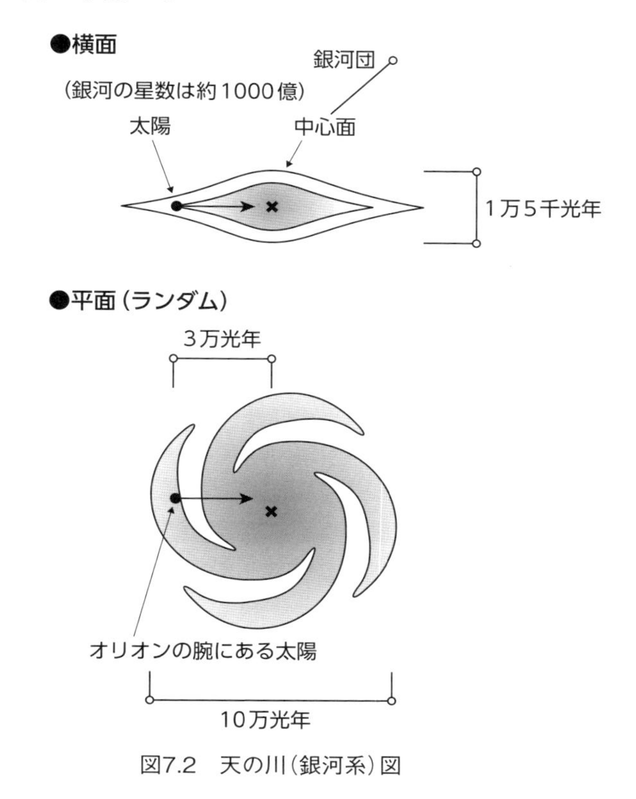

図7.2　天の川（銀河系）図

宇宙には銀河団が無数あり銀河団と銀河団の間は何もない暗黒物質（ダークマター）との混成体で構成されてある。ボイド（void）隙間領域（ϕ1000万～数億光年）

星の集団が銀河系となり、多様多形の銀河系集が銀河団となる。太陽系は渦巻銀河の端にあるどら焼菓子のような形。夜空で星数の多い帯態は渦巻銀河の中心方向で天の川となる。渦巻銀河の竹篤籠の中から見上げている状態。

太陽は恒星で自体発光体の火球である。夜空の星（惑星以外）は全て恒星体。星は（太陽も）光を発する火球状態である。銀河全体は回転し尾状の星群となっている。星は新しい星ではなく星雲の発生ガスが近接連星の高温干渉体（図7.3）と固まり、ガス星光の回転時に双星体は揺れ振動・波・重力波・重力レンズとなり重力発生。一方が質量を他方に向かい放出時にパッと燃え上り合体し恒星となる。赤色超新星は星の終わりの崩壊光である。

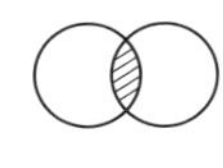
図7.3

核は残り中性子星の脈動星（パルサー）は星の化石体となる。pulsarは「脈動する電波星・pulsating radio star」の短縮形。ブラックホール（残骸）となる。散った核やガスをもとにまた新星が誕生する。ブラックホールの重力（引力）は強く光も逃れられない。銀河体中心の巨大渦巻。周辺に小型のものが無数ある。回転物体は「角運動量」を持つ、線運動と同様、速度・質量が大きいほど大となる（コマ・渦）。コップ内の水も同様。

地球全体は鉄鋼石で磁石のようなものだ。他星も同様、重力レンズ（宇宙内銀河や銀河団も星相互間作用の引力）でバランスをとり衝突しない軌道を動いている。現代は「物体の質量で空間がゆがみ、他の物体が引き寄せられる「重力レンズ」である。

地球は46億年間冷え続けてきた。地形変化は山・海岸・湖・河川・砂漠・森林・平地など多様である。気象・火山噴火・地震などで常に変化してきた。その間に多様な元素が発生し（始め軽い水素からだんだん重原子となり92種ある）、植物・動物が形成されて地表に存在している。数億年ほど昔、地球は沼と森林で覆われていた。岩石の堆積や生物植物の死骸が高温・高圧で多くの物質に分解された（天然ガス・石油・石灰なども同様）。動物は岩石の洞窟や樹木の洞穴を利用し生き続けてきた。

石の切り出し、搬送、積層は原始から不変である。重い石を扱う道具として硬い石で柔らかい石を削り、てこ・くさび・槌・ころで移動し積み上げ住家とした。木造は腐敗で消滅する。石造は硬く重いが金属を含み焼跡に残る。組積造は塊状の石・煉瓦・ブロックなどを積み上げた構造で、自重は重力を構成するが横杭力はゼロである。古代のエジプト・メソポタミア・ギリシヤ・ローマ時代からの遺跡が残っているのは組積造であるのと、地震のない国、環境変化が少ない国だからである。石柱を多く鉛直力を負担させ木造の小屋組架構もある。横力には壁厚や支柱で耐抗した。縦に重りで垂直、架け渡しの曲線逆用でアーチ、水張りは水平となる。アーチ連用はドーム。綱垂し下部を広げ曲線は石垣の角に応用。角と角の間は隙間付き雑に積むと地震の揺れを吸収する。全部正確積より耐力はある。石柱も端部スパン（間隔）小さくは耐力がある。

建築材は人間の精神や心理をベースに変化し様式ができる。様式が新技術を生み、広がり進化する。様式は循環もするが技術は後戻りしない。地面にある石材から、植生の木材までは自然物であったが、その後は加工し鉄・RC（コンクリート）・ガラス・プラスチックと変異した。

人間社会は個人を隠し集体化して強力化した。建材は自然法則とランダム性を強調されるが、人間意思と生きている時の偶発時でカオスは過去と未来の両端で切れている。死に支配され、人間に委ねられているのだ。

建材は変化しても人間は変らない。要素を多様性に対応させ、ソフトウェアがハードウェアを変化させてきたのが歴史である。

何を選ぶのが一番自然だというものはない。それは人間が物理的ではないという前提を崩したくないからだが現実は化学的な物体である。

2）木材　wood

木は何百万年も進化を経て地上高く葉・花・果実をつくり光合成をする。地球表面の一部、その表面に植物・動物が発生する。人も動物で相対関係で子孫をつくり存続する。木はセルロース(cellulose)、繊維素。植物細胞壁は多糖質の育成体。炭水化物の白物質は砂糖同類で根から吸水性迅速体である。リグリンの木肌色と褐色物質で強度、吸水遅速体である。古木は芯から腐敗し二酸化炭素をつくり新木が吸収し循環する。上部は光合成で、下は根が水と養分を吸い伸びる。何百種もの木があり独自の特性がある。堅木は暖気と日射量の多い地域で多く見られ木目が詰まり強い。黒檀など中心部が黒い。軟材は松・杉など針葉樹で持続的に再生する森林で生成し伐採されても新木が生える。重量比でも鋼鉄の3倍強度のものもある。欠点は炭化物で火に弱く落雷で山火事のおそれがあり数10年かけて育っていたのも一瞬で灰となる。

木を加工する技術は石器時代にさかのぼる。石斧で小木を切り丸太にして移動させた。道具は鋸(のこぎり)と鉋(かんな)が主要で鋸は必要寸法の切断用、鉋は表面の平滑用具である。東西に共通用具でも使用方法は逆である。西洋は押して作用し、日本は引いて加工する。その方法の応用は攻めと守りだ。思考が身体性・心象性・観念性と製作・使用・所有と進むと差は現われる。強力は人体での押す方法は有利だ。スポーツに多い。引く作用は微力・微細・途中変化反応に有力で、手加減だ。背景に日本は発生時不明の災害多様がある。客観として流木拾い型(ブランド・拾う時選択する・波型)となり、自穴堀型(ブレンド・多国民集団・粒子型)ではないとなる。

木材自体も繊維が走る方向、木目に沿う方向は強く柱の軸力に応用されている。圧縮より引張りに対する強度も大きい。湿気や膨張に敏感で湿った所では腐り易い。加工し易いため家具や楽器などにも多様に使用されている。

木は裂け易いが軽く、殺菌力を応用したのが割箸で、熱い料理でも気にせず箸に使用できる。熱伝導率の低さは鉄の1/400で、鍋釜の取手やサウナの内装に使用されている。材質で使用方法は異なっていたが現代は少ない。一つの文化でもある。

住居の土台は湿気に強い栗。松は脂（やに）が多く石垣基礎の杭や、曲がり松は大梁に。梨は摩擦に強く敷居、桧や杉は柱に用いる。座敷用の鴨居は大欅（けやき）で狂いの歪を防止し、俎板（まないた）は柳（やなぎ）だ。田舎造である。

木は火に弱いが薪・暖房・照りに直接有用であり、火災は害でも焼畑では灰が害虫をなくし肥料ともなる。

現代は木材の積層材が多く使用されている。加工で自由な形と狂いをなくせる。現代建築は軽く・薄く・透明にどのように添えるかが課題となってきた。錆びない鉄類やプラスチックなどとの複合材もある。

木造建築は部材の継手の応力が数値化不能でコンピューター入力できず教科書からも外された。それでも経験と歴史性で現実に多く建造されている。千数百年前に構築された古建築も多く残っている。共通しているのは耐湿構法が備わっていることだ。盛土・床高で床下を通風し、軒先を出し雨水処理が備えてあり、部材も大きい。

自然に低抗せず、立地の点でも風や水に対応している。木造は多くの継手があり段違い接合で応力伝達部分に、風化や乾燥で曲げの回転モーメントが働き構造的に耐力変化と矛盾を抱える、地震でギシギシと音を出すことで判る。木造は「しなり」があり元に戻る。

しかし学者はこれを認めない。学問は無矛盾理論へと発展したからだ。地震で建物が揺れ動くことは誰でも体験しているが、無矛盾な構造を追求すると一点でも矛盾があるとそこに応力がかかる。力と熱は弱から強へ結集とが集中し破壊に繋がる。理念的に無矛盾でなければならない。これが無矛盾で近代思考の限界となる。サイコロを振り次の目予測は人間にできない限界。「座屈現象」の耐力性は柱主要力で頭部の超荷重は圧力が臨界値より超過すると横にたわみ折れる。座屈という「曲げ」である。非線形現象で、オイラー（1707 ～ 1783）の変分法原理だ。モーペルテュイ（1698 ～ 1756）の最小作用原理とを組み合せた運動方程式が得られる。

「E＝mc²」のアイデアと方法。「最小作用原理」

「自然（宇宙）は運動の作用の量が最小に成るものを選びとる」モーペルテュイ（1698 ～ 1756）の「最小作用原理」と汎用する。

オイラー（1707 ～ 1783）の「変分法原理」（座屈）、「天体の運動」・「力の中心に引かれる物体運動」は物体の質量（原子質量）に速さ（時間）と運動距離（長さ）を掛ければ合計積は常に最小（最速）となる」「変分法」と「m∫υds」とした。モーペルテュイとオイラーを組合せ光速30万km/秒と同時性仮定で動機・原理・応用・効果の両端除外、「原理・応用」と万物に置換の「E＝mc²」と造語した。

今日「E＝mc²」と式化はアインシュタインの1905年の200年前から論義されていた。情報は創出されず、不確定度を減らすのは測定だけ、計算は不能。この思考と測定を岐阜県の観測装置「カミオカンデ」で観測し「ニュートリノ振動」を発見が梶田隆章で1998年発表。

相空間で発生を幾何学としたのが「シンプレクティック幾何学」（P138）である。これは「クサビ理論」に転写できる。「不確定性領域（神のサイコロ）（物理の確率と統計）」と「誤差（ゆらぎのこと）不確定性」は「領域が小さければ小さいほど測定は正とする」前提論（P83・92）である。

「E＝mc²」は①失うものと②得るもので③バランスとなる。3要因だ。トルストイのアンナ・カレーニナの初頭にある。選択が重要で背景分析は手段予想を誘導する。（P201）

3）鉄材　iron，steel

単材の使用は石と木で原始性、熱の利用で重い石から抽出した鉄（iron）の強さを発見し建材の釘や鉄締環に応用された。山火事や焚火跡から気付いたと考えられる。変化の媒介に熱は多い。建築によく用いられるのは鋼（はがね）（steel）であり、鉄に炭素を0.03 ～ 1.7％溶入したものである。鉄は加工し易い素材で名称は原料、加工、用途、形態等で無数にある。それらをまとめて金属という、属性（打つ・押し・薄く）、延性（引かれて伸びる）、電気・熱の良導体である。物によって磁気を帯び磁石化で異極引合い、同極反発する。約300℃で変形し500℃で飴のように曲がる。元素配列が熱刺激で変化するからである。原子は単体の性質分類、原子をまとめて元素という。地球全体は磁石で地核は鉄だ、金属は鉱石に含まれ分離し他物質と結合は合金として利用される。

鉄はBC2600年頃中国で発見され、赤熱鉄を南北に向けて冷やすと磁石化することも知られていた。始めての鉄武器はBC1200年頃に中近東のヒッタイトで使用された。小アジア・メソポタミア・シリア・エジプトに馬と鉄で大帝国を建設した。絵文字もあった。鉄の前は銅と錫(すず)の合金の青銅(ブロンズ)が主流だった。錆(さ)びないが重かった。14世紀頃から銑鉄（炭素1.7 ～ 4.5％）（鋳物）が作られた。日本に青銅と銑鉄の時代はなかった。日本刀は大量炭素の硬質でもろい鋼鉄をたたき、軟らかく炭素量の少い鉄を芯へ溶接し折れず鋭利な武器とした。中国渡来で手作業の生産は少量であり、砂鉄が使われた。

元素が結合すると化合物ができる。ドロシー・ホジキン（女性）は1955年に分子は原子の結合の手で合成されることを発見した。水素１本、酸素２本、窒素３本、炭素４本で結合し分子ができる。酸素が反応物と結合することを酸化という。リンゴの切口が空気の酸素と結合して茶色となる現象で錆も同様の現象である。逆に反応物から酸素を除くことを還元という。アメリカのケリー（1811 ～ 1888）は転炉に空気を吹き込む還元法。イギリスのベッセマー（1813 ～ 1898）はコークスで高温（約1,400℃）の転炉で不純物を完全燃焼の酸化法で大量生産を考案（抽出は外的要因に注目か、外的要因を同じにするか２方法ある）した。生産量が増え産業革命となった。鉄は船や橋などに使用され建築に使用されたのは1851年のロンドン万国博で「水晶宮」の温室である。パリのエッフェル塔は1889年のパリ万博にエッフェルの設計で造られた。

ダーウィン(1809 ～ 1882)の進化論(形態変化)(physical・物体的)。マルクス(1818 ～ 1883)の資本論(意識変化)(mental・心理)なども同時代で技術の進歩は社会現象にも影響した。端緒が開かれると技術の進歩は速い。また戦争は建設技術、その他の技術も飛躍的に進歩させる。技術の開発は闇の中であるが、今日、社会の中で民間の汎用技術と広がっている機器や船・飛行機・光学のカメラ・通信施設・コンピューター等も軍事技術から始まったものである。産業革命の背景はアメリカの「南北戦争」(1861 ～ 1865)である。1945年の原子爆弾投下で世界の植民地政策は終わり、その後現代は経済戦争「確率」となり戦争は「スポーツ」に転写した。比較とコンプレックスは動物の生理性で植物の待機性と動物感情は生理性と双璧、プロットの複数の必然的連結(P83)であり地球上に待機と動態かで存在できることになる。地核にある鉄は4,500℃、太陽エネルギーは表面温度5,500℃の間に地球表面で体温36 ～ 7℃の人類は存在し、42℃が限界生存温度といわれている。

金属は質の合金で特性を引きだす方法と、成型の応用、さらに背景の転化で多用される。

24	52
Cr	

クロム
図7.4

溶鉱炉から出た鉄は鋳鉄、炭素や他不純物を含みもろい。打たれる負荷で原子は相互作用し移動が困難になると加工硬化となる。クロム(図7.4)13％の鋼鉄合金は錆びず強くステンレス製食器で1913年に発見された。ボールトとナットは結合効果。周期表の左数字は原子番号、右数字は原子量(重さ)である。イギリスの兵士が授けられるヴィクトリア十字勲章はクリミア戦争(1854 ～ 1855)でロシアから捕獲した大砲から作られ1856年にヴィクトリア女王創設で、バックステージである。

日本は江戸幕府が1860年以降、武蔵国小菅で鋳造の寛永鉄銭(図7.5)がある。現代は高層ビル用に普及し、H型鋼、アングル鋼、パイプ鋼。鉄筋などから線材をつくり吊橋に使用される。重量鋼は建築・土木・造船用に主に使われる。薄板は自動車・家具類である。鉄の欠点は酸化による錆で鉄塔は亜鉛メッキ、建物は耐火被覆や塗装が必要となる。他材と混合は多い。

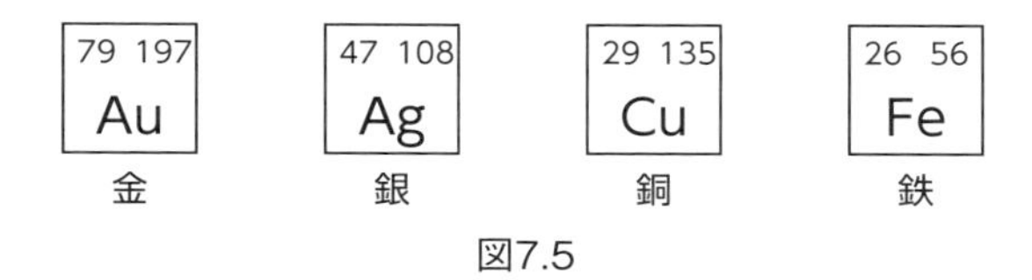

図7.5

「配置美」の感覚反応の解は自然（ランダム）（別荘）か自覚（カオス）（都会）主役と解釈方法２法あり、「製鉄」はケリー（アメリカ）の転炉に空気吹き込み還元法♀（受容的）。ベッセマー（イギリス）のコークスで高温転炉の完全燃焼酸化法（化学現象）（結合の手）♂（意志的）で大量生産。

「美人」も平均顔と最魅力顔と統計（コントラポス）の個人好みとある（アナログの生理性）（化学工場）（受容的）。「分岐」は社会（交通信号）と自己（パイパスの自由性）がデリタ論。マルクスや原始宗教（置換の執着）に多い。「股のぞき」は自然態と「人意逆視」で立体は平面化する。「翼揚力」は上部低圧化（ベルヌーイの原理）の自然とスプレーガンは「人工逆態」強圧化。「２法効果」を多様と「対位」とするヴェンチューリ論。オルバースの「パラドックス」「夜になると空が暗くなるのはなぜか」は星数が少ないからだ（逆説）は「答不明」（巨大・巨視化は感覚限界）で宇宙は空間の端なく時間とした。「木を見て森を見ず」は宇宙に始まりと終わりを意味すると転写された。

素粒子の量の実体は粒子・同時に波でもある。(P49) 粒子はつねに加算される。波はかならずしも加算されない。これが基本的な違いである。大域的に点から広がる最初しか見えないのである。（デジタル）（計算値）（加算）（アナログ）（状況性）（両端で切れる）。動く翼、吹き出すドライヤー、吸込む掃除機と多様。動機・原理・応用・効果の過程（プロセス）を伝達の声・文字・経済等を媒介し妥協が一般社会・個人・道具等となる。

4）RC材　reinforced concert　補強凝結コンクリート

コンクリートは、砂と砂利にセメントを入れ水で捏(こ)ね混ぜ組鉄筋の型枠で固めた人造石である。砂とセメントを水で捏ねたものはモルタルで床や壁用塗仕上材に使用される。砂と砂利は増量材、セメント（石灰石・炭酸カルシウム・$CaCO_3$）は接着剤。鉄筋コンクリートをコンクートと言う。建築・土木・道路工事等に使われる。

アルカリ性（水溶強）（毒性強）（消石灰）、中性（電荷なし）（純水）、酸性（強酸は劣化し易い）（錆）。RCは弱アルカリで酸へ向かい劣化する。

構築物素材は石・木・鉄等の単体より結合で強度が高まり、次は素材の改良や組合せへと発展する。社会現象と呼応し集団適応化だ。背景は「共通善」（共感・mental）への「最適化」（構想・physical）と「効率性」（atmospher・digital）である。具体的に「何（原理）をどう考える（応用）かで中味ではない」で、質量は質「原子・素粒子」の役立ちと集まり「化合 or 元素化・physical」の価値「情報も同様・mental」と有る。

近代の鉄筋コンクリートはフランスの植木屋モニエ（1832 ～ 1906）が発見し、コンクリート製の鉢に針金を組み入れて結合し頑強と発展した双方の熱膨張率類似で混合できた。物体は相互の物質欠点を補うことで複合化と補完性で改良した。

泥混りのコンクリート（凝結剤）はBC 7千年前もエジプトにあった。ミイラ作りや石造継目に使用され、壁入口上の楣(まぐさ)も継目斜面でアーチ化し連続体はドームとなった。日本の沖縄民家屋根瓦継目も白く塗り固め台風に備えている。「漆喰(しっくい)」は石灰石である。「チョーク」も同質。

石灰塗りは吸収性も富み、フレスコ（fresco・イタリア）壁画は乾かないうち顔料で描き教会を飾った。鍾乳洞は石灰石が地下水の溶解で現われた現象。分析しコンクリートは発展した。

星の発生と消滅も在る。人間の加齢より時間差があるため確認不能、理論で構成された。系統樹の進化論も同様である。（P142）

建築材料は地球表面物質の応用、宇宙船や衛星も同じ地球から離れられなく仲好しから離れる現実だ。文化が結合の手だと判ってるが扱い方で変わる。水（H_2O）は４℃で最大密度、固く最小、３℃でアラレ、２℃でミゾレ、１℃で雪、0℃で氷と再度膨張、水道管破壊、４℃でエネルギーが安定するからだ。水素は最軽原子、状況変化対応で多様な原子が現われ、結合の手で物質も増加した。何を増しどうするの兆（きざ）しの設定選択は確率で決る。不適は消滅。気配を思考し人類は生き残った。「autophagy・オートファジー・細肪自食作用」と2016年10月に大隅良典論（1945〜・ノーベル賞受ける）が認識された。今日、ダーウィンの進化論も「遺伝物質のランダム（オートファジー）な変異という事実によって裏付けられている」生態の「自食作用」細肪内のミトコンドリア（発電所）作用と具体化した。意識神経細肪端部にある。昆虫が人間より優れており、地上全動物の３/４を占める。人間の倫理・両価感情・二律背反は無い。無意識・思考・哲学・道徳などで覆蓋した。正誤は無く優劣かが言えるとなる。autophagy（生態・医・生理学）で工学的に「住宅」となり機能時空を覆蓋する。人間無意識体でフロイトの外省・ユングの内省と斑（まだら）帯である。

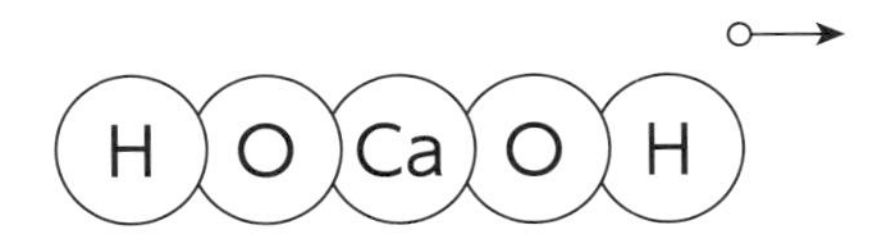

図7.6　石灰石（セメント）の水酸カルシウム製造

石灰石の炭酸カルシウム（$CaCO_3$）（炭素４手）は加熱で二酸化炭素（CO_2）が気体蒸発し、灰粉の酸化カルシウム（CaO）に分解する。加水（H_2O）が（CaO）と反応し水酸化カルシウム（$Ca(OH)_2$）となり硬くなる。水分（H_2O）は蒸発し、空気より二酸化炭素（CO_2）を吸収し、元の炭酸カルシウム（$CaCO_3$）に戻るが柔らかい（注釈：圧力受けてない）。

石灰石は太古海底に沈積厚層の有孔虫（炭素なしの殻（貝殻は螺旋体並列）がゆっくりと圧縮され岩石となったもので、焼くと粉になる）。

宇宙は最小作用原理の「確立の法則に従い無作為（確率小は回避・消滅）に選択を行う」これが量子論である。

天然石灰石は地殻圧力と高熱で固く塊るが、RC（コンクリート）は圧力を受けないので柔らかい。元素（全ての原子）が結合で化合物となり、二種以上の原子で分子を作る。化合物は分離し難い。混合物は物理変化で分離し易い、水蒸気（気体）が固まり水、水（液体）が固り氷（固体）となる。気体・液体・固体と変わる。化学変化は自然に起こる場合もあればエネルギーを必要とするものもある。多くは熱が供給する。RC（コンクリート）の欠点は水分蒸発時に微細な隙間が発生し雨水や空気が入り劣化（酸化へ向かう）・風化する。密圧・塗装・タイル張りや被覆で耐力を作る。許容値より強い応力で亀裂が現れさらに強力では崩壊する。RCは圧縮力を応用し、引張力・剪断力・曲げ力はRC内に鉄筋を入れ相互抗力で応力に対応する。

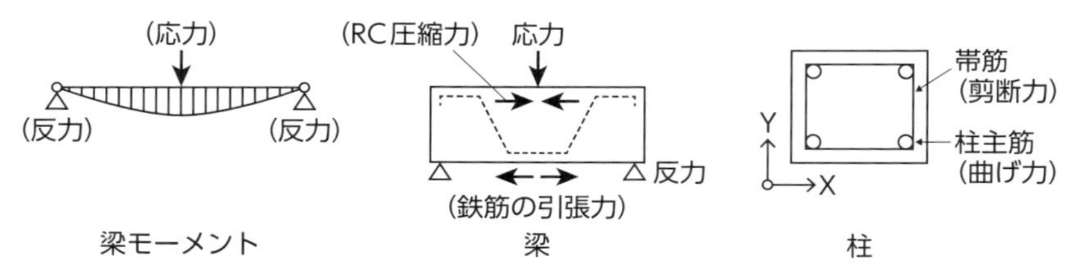

図7.7　応力のモーメント図・配筋図

床は薄い小梁並列。鉄筋はRCに付着力応用。基礎はRC、高層部は鉄骨造で軽量化とする。全体RC造は低・中層建築となる。混構法体。

RCは化合建材で弱アルカリ性である。練り90分以内に型枠に入れないと化合化し固り始めるから使用には時間制限がある。それを防止するために流動・早強などの混入材を使用することもある。RC強度は普通RCで四週強度は180kg ～ 360kg/cm^2。寒中・暑中発熱や水分調整が必要となる。RCは受容的素材、鉄骨は意志的素材と対照的で相関的に応用される。近代化の合理性と無矛盾。多矛盾の非合理性も合せ持つ建材でもある。大型曲面のシェル構法。粉混入発泡の「ALC」。ガラス繊維混入軽量化の「GRC」。強度・硬度の「CFRC」などもある。工場成形組立の軸組工法は地震災害に弱く小型となる。軽く・薄く・

透明は弱力化する。

コンクリートに鉄材を混入すると高強度と靭性（粘り強さ）に富む、薄成形可能と鉄粉複合材の「ダクタル」材使用の人動橋は、山形県酒田市の川に架かる最新素材であり、今後の発展が期待される建材で、鉄筋なしで2005年完成した。

5）ガラス　glass

ガラス(a)は光(b)を通し視覚(c)（mental）となり明るさ(b)と色(b)で物体(physical)空間を雰囲気(c)（atmosphere）と意識(b)する。
虫眼鏡(a)を手一杯に伸ばし(b)モノを見ると逆様(c)に見え、目近くに戻す(b)と正常に見える。(P49)

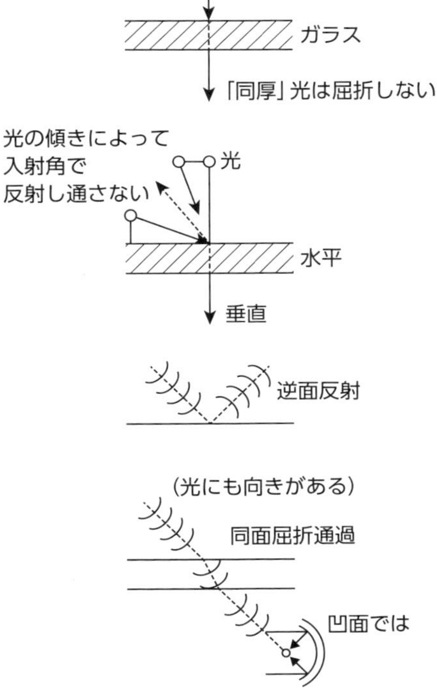

図7.8

aは物体で、ガラス・凸・凹レンズ。屈折力差がある。
bは光で、明・色と伸・縮の性質と距離の応用。
cは脳視覚・雰囲気・意識・逆様・見える等。

ガラスは6千年前から作られ、古代エジプトではミイラの副葬品やミイラ装飾品に使い後に教会のステンドグラスで使用されるようになった。ガラスはケイ砂を溶解し炭酸ソーダや石灰石を混ぜ熱して作る。ガラスは凝固点（融点・

固体が液体に変わる温度は0℃で氷が水に変わる）がなく固体に見えても実体は過冷却液体である。溶融ガラスを型に流し込み容器や板ガラスに製造する。混入物質で多様な色ガラスとなる。

中東シリアの海岸には天然ガラスもある。現代は色彩鮮やかな、防湿、多層性、耐熱性、反射性、防弾性などをそなえたものも作ることができる。溶融化と加熱製法であるため熱に弱い欠点がある。

ガラスの透明性は光を散らさない全光通過であり、半透明は光を散らす。不透明は光を通さない。片側透明、反対側不透明ガラスは警察等での顔確認用窓に使用され、鏡面と片側全反射となる。ガラス、プラスチックは電気を通さない、電子粒子は側面で屈折し散逸する。

ガラス繊維は建物断熱材に応用され、床・壁・天井に組込まれ空調効果に多用される（電磁力・乱反射で熱は停止状態となる）。

ガラスは光は通すが電気は通さない。光ファイバーパイプは電波伝達用に応用され通信施設に応用されている。ガラスは光を通しても散らさない。(図7.8)

鏡の逆視原理（逆像とは違う）反射光が集まる位置で、上から反射光は焦点で下へ進む。電磁力は電子と光子の双方含み、性質は異なるからである。

アートの変異も実像か記憶資料とあり、アートから波説 or 粒子説との極性が因子で脳活置換。効果である。

6）プラスチック　plastics

人間の生活は19 ～ 20世紀半ばになると建築材料は石造・木造・鉄造・RC造の混成構造となり、採光のガラスや使用部品のプラスチックなどが多用になり家庭内使用の設備は発達し、変化した。上下水道・電気・複合素材・大量生産等が

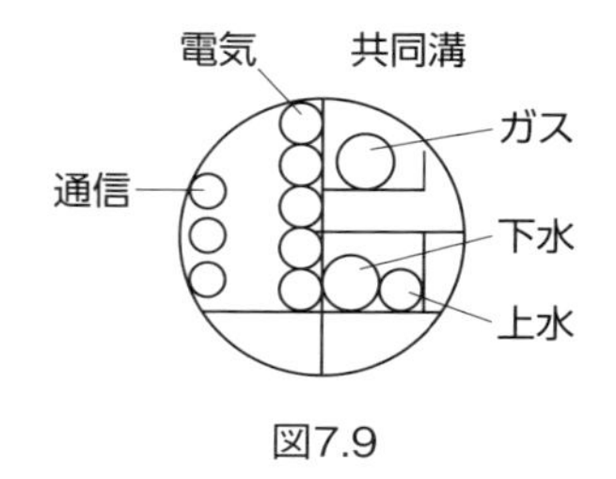

図7.9

背景にあり大都市ではまとめて地下に埋設される。

これらの素材は太古からあり人間用に応用されてきた。水は河川、電気は雷、プラスチックは松脂や漆。複合は車と車軸、大量生産は栽培などがある。人工物であるプラスチックは原料を高温・高圧で成型する。物体で多様にあるが、生物体温では分解されず腐らず、焼くと有毒ガスを出すのが欠点で、高温原子は生理的破壊だ。プラスチックはダブルplotの充填物と多様化する。1950年代には高分子化合物と微細分子が鎖状に結合の巨大分子からなり成形や押し出しで物質を作る技術ができた。熱可塑性物（固体に熱や外力を加えたものを除いても歪みの形が戻らない性質）の成型部材である。原料はthermoplasticと呼ばれ、熱すると軟らかくなるからでthermoは熱、plasticは成型容易の意味。

自然プラスチックは８千年前、古代エジプトでミイラ製作用だった。琥珀（樹脂の化石化）の摩擦力に、軽羽毛は舞い上り接着の静電気を作る。中国では松脂・漆は塗料・インクに用いられた。BC1300年頃である。巨視的にplasticは微電荷作用の接着剤といえる。

1885年、セルロイドが誕生し、柔軟・透明性の性質は映画の娯楽を生んだ。ガラスより高透明、鋼鉄より強く硬い。軟いかいものもある。繊維の断熱材、管状のガラスファイバー、板状の断熱板、泡状の発泡ポリスチレンがある。他材と組合せの複合材は他材の欠点を補完する。家庭では台所床の塩化ビニル（PVC）、テーブル上板のメラミン樹脂板、他にポリスチレンなどはパイプバケツ、ボウル、ジャー（広口瓶）等に使われる。ナイロン繊維の女性用ストッキングは1940年代でその後ナイロンは大流行した。プラスチックは他組織と反応しないため人工股関節にも利用される。

複合素材は、正反対性質の素材を組み合せて作る。RCも圧縮と引張りをコンクリートと鉄筋の特性を有効利用と分析し組み立てる。泥壁も芯に木舞で筋を作り塗壁と板状とする。透明プラスチック板の小隙間に浮遊状小繊維を充填し多層にすると面的応力は強化され防弾チョッキや強化ガラスは新幹線の窓で使用されている。
重層を逆用と、金属芯で成形し周囲にプラスチックの重層成形を薄く造り、後に金属芯を溶出すると軽く強靭な素材になる。テニスラケットに応用されている。ガラス繊維強化プラスチックで椅子・自転車フレーム・翼などにも応用される。空気層の軽量体は強揚力を期待できる。一体化（モノコック）フレームは鳥類身体構成に現実化されている。潜水艦は海水と空気の交換で実用されている。建物の空調も原理は同様でフレームを構造体とし、空調をその中に自動化も可能だ。
人身体温維持も同様、内省状態の気圧計測と無電気と医学で応用の化学変化は体温計だ。体温熱の圧力で発電するゼーベック（1770 ～ 1831）効果だ。巨視的に人体はモノコックの集体となる。
物を作るには２通りの方法がある。１人で全部独りで作る方法の単性と、数人がそれぞれの特性を分担の共同方法（コラボレーション）である。単性は効率がいいという特長があり、共同は精密の内容を期待できる。個性と社会性にも置換できる。自覚と法規の秩序も同様だ。
情報にも質と量とがある。質の良い情報はそれだけですぐ役に立つが、そうでない情報でも関係応用と量にまとまると別の価値を持つようになる。刺激と受容の相関関係で一方が変わると他方も変わるからだ。アイデア・概念の単性も統計と確率の量性では物理学となる。

現代の人工のプラスチックは、1855年、アレキサンダー・パークス（1813 ～ 1890）から始まる。そこから日進月歩し1982年に登場したCD（compactdisc・データをデジタル式と記録再生）は最新プラスチックの応用で、強靭、透明プラスチックは数十億個の小凹みを作るレーザーカットの射出成形で製造され、凹みは１万分の１mmで音楽情報を記号化・記録・再生できるDVD（digital versatile disc・digital：連続的数値。versatile：何でもできる。Disc：記述・描写。）原理である。大量生産で応用されている。

「選択と運営」

選択と運営は別次元が公平となる。情報に質と量とがあり、並列と分離で異なる内容となる個性と社会性と分離だ。人間の合成願望は幻想だ。選択は精密、運営は効率がベスト。選択者が運営は我田引水となり易く公平に欠ける。「ゴールなき民主主義」の因子でもある。精神性は高温高圧に限界がある。協力の媒介は取得後の分配で亀裂発生となるから不定。物理学は仮定設定で応用拡大した。「$E = mc^2$」も。例・展覧会の選択者と運営者の場合も同様で、生物の増加因だ。(P176)

第8章
建築構造

1）構造と構築　フェティシズム（マルクスが背景）

建築構造は全体を囲繞と組み立てる仕組みである。石造・鉄造・木造と主に3種あり実際は混合が多い。構築も類似であるが構造は概念やアイデアで構築は物体と出来事である。対応が必要なことは重力（自重と荷重）、地震力、風圧力と吹き返しに抗することで、そのために架構となる。作業に図面伝達と交換の経済を媒介すると、アイデアと経済で差は現われるが目的は人間生存である。原理と応用の往復でエネルギー有効利用となる。星・地球・地上動物・地上植物も同様で、原料を摂取し、運動や形態変化で環境に反応し、能力と効果が現れ、老廃物の不要品は不適と廃棄する。再生、発生と循環する。移動態を相対性理論となる。構造は時空性で構築は多様循環の一形態、峠理論で無数となる。相関性と一方が変われば他方も変わる。変化とは別の平衡状態であり、多様でも時空に変化はない。しかしドバイの高さ828mの建物になると影響もある。大都会の超高層体は電波障害の対応が必要となる。変化の不明部分を「不確定性原理」と仮設定することで現代物理学は発展した。宇宙は拡大で人間生命と比較不能だから大枠設定であり判る範囲で分析とした。日本人に仮発想はない。

人体の骨組みは206個で構成され、最小は中耳のツチ骨は 8 mm/mmで音波を振動させ神経で脳に伝達し聴覚となる。建築構造も作用応力を想定し抗力で対応する。結合部分は材質と継手の効率で決まる。現代建築は抗力変数とコンピューターの応用で自由な形態ができる。建築の発展は「スペースを生み出すため構造使用部分をいかに最小化するか」で、最小化構想の最適化は確率の概念とアイデアとなる。ミースは「less is more」とした。経済性である。架構力技術で架線、架橋なども同様、架構力の存在しない建物はない。宇宙でも他宇宙との間、銀河団と銀河団との間(void)、銀河と銀河の間、星と星との間、人間と人間との間(gap)にも架構力があり、バランスを保持するが、視覚できないものも、巨大な時空などでvoid(ボイド)とするが詳細は不明だ。人間は短命で終わり社会の地上では限界がある。間(ま)は日本の文化でもある。しかしトップは難しい、カーレースのトップは強風圧で燃料補給は早期。陰の集団は乱気流で浮上しハンドル不能が事故因。誰もがゴールのまえに先頭車を抜くことを戦略とするカオスである。建築体は地上固定原則。地中や海中に構築体も稀にある。(逆ドップラー効果)

建築構想は、石材・鉄材・木材の単材とRC(コンクリート)材・ガラス・プラスチックと複合材だ。建材は全て太古からあり有効に改良した物体である。部材毎の特性を応用し地上環境に適応させた物体である。石材は重く加工し難いが耐久性はある。鉄材は鉄鉱石に混入を加熱で抽出、空気の酸素と化合し錆び、300℃で変形する。木材はしなりの弾力があり軽いが炭化材で火に弱く消滅する。プラスチックは高温高圧製材で自由形態でも、加熱で有毒ガス発生、建材の接着剤で火災時に失神死亡する。動物体温では消化されないからだ。架構応用の物理性構成体と、動植物体とは分子構成プロセスが異なる。宇宙内物体を構成する自然元素は92種で全てを構成されてあると分析できる。しかし構成と活動は多様で不明は多い。原子論で説明できる。熱と力は大から小へ移行する。分子は原子へ戻ろうとするからである。

水面に横から平らな石を投げると点々と跳ぶがやがて水中に沈む。力の消滅である。

2）建築構法

(1)軸組(じくぐみ)造　axial construction

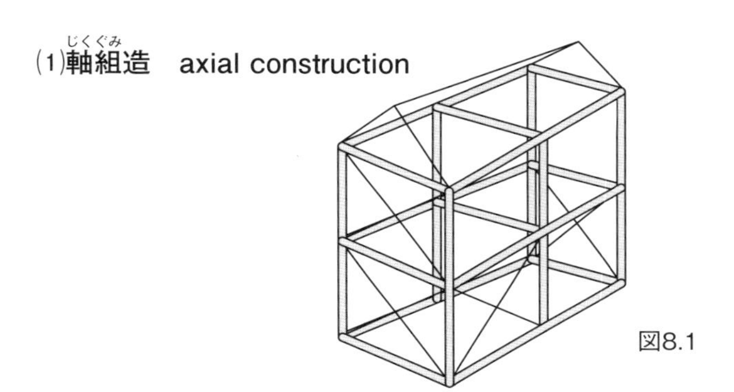

図8.1

柱の垂直性と梁の水平性で縦横に組む構法。連続体で鳥籠型に空間を内包し広く、高く、地下にも造れる。柱と梁の接合で一体化仕様となる。木材の垂直性の性質を応用し東洋や北欧に多い。現代は鉄やRCでも直線材と接合技術の発達で高層建築と世界中の都市に普及している。住宅も軸組造が多い。扱い易く身近で材料が調達できる。小規模は増改築も容易だ。

(2)組積(そせき)造　pileup construction

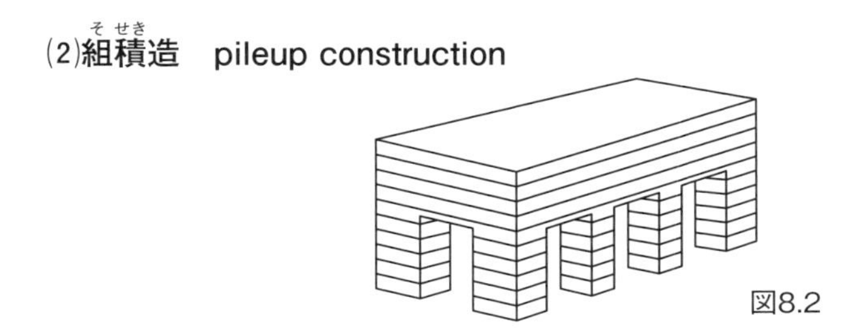

図8.2

積上げ構法でどんな材料でもできる。重力のみの応用で横力はゼロなのが欠点となる。石垣として空間の囲いに発展した。厚積で少しの横力に、控積でも横抗力はできるが大型開口は難しい。エジプトの神殿には小形間口上部に円型積もある。綱をたるませると曲線となる。逆型がアーチ、連続はトンネル、円形はドームとなる。アーチは下向への重力が各部分に圧力をかけ外方向へそらされるため引張り強度のない物体に使用できる。連続アーチの中間支点は重力のみ、端部アーチは支点に横力も働くため壁厚を多くする(図8.3)。アーチ(曲体)の右半分で接地部に動く応力に対応の反力大(地下・曲げ反力)を壁厚にし図示したものである。建築図では一般に左右対称体は半分図示、全体外形内に半分外観、半分断面の図示が多くある。

美しい曲線は下図(図8.4)のA・Bとサイクロイド(cycloid)で、円周上の一点の軌跡である。カーンのキンベル美術館に応用。逆転し社寺の屋根に使用される。垂直応力は一定、地上設置は支点に横応力に対

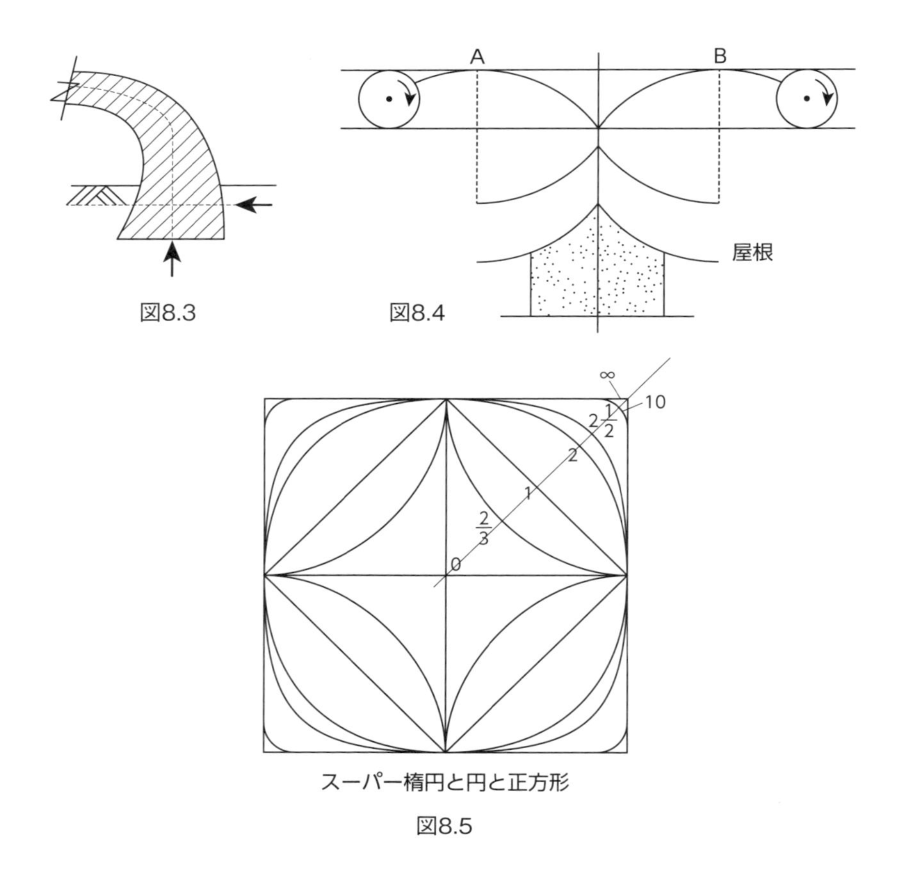

図8.3

図8.4

スーパー楕円と円と正方形

図8.5

応し大きくする。(図8.5) 丸と角の中間に楕円があり形は $(x/a)^2 + (y/b)^2 = 1$ のグラフで表わし指数が2より大は外側に張り出し長方形に近づく。スーパー楕円という。指数が2.5は美しい形でサイクロイドと類似。平面は広場の車路に使われ、車の流れをスムーズにし、形の意識は新しい建築構成や家具・インテリアにも応用される。

意識の「ひらめき」は無限大となりゲーム理論の意思決定となる。シャガール(1887～1985)の絵のように空間像自由観がある。

幾何学でも他から融合拡大と移動要素半径[R＜ r]で決まるをシンプレクティック幅と理論化し固定幾何学を開放した。「相空間」の発展拡大である。(P138)

ビリヤードも数個の球にボールを当てると中間は静止し、他端の一球だけ離れる。質量が同一の条件であればエネルギーの能力だけ作用する原理と同一である。ビリヤード球を積層とした構法が組積造となる。石の産地や日乾レンガの西欧に多い構法である。日本では地震の揺れで崩れるため土台積や石垣などがせいぜいで高くはできない。

(3)壁構法　wall construction

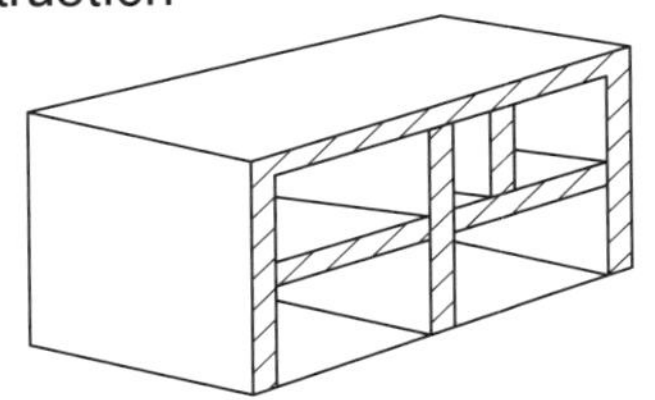

図8.6

壁面の平面性に強度を併用し縦横に構成する工法。素材はRCや木材、枠組を鉄骨と併用するとガラスやプラスチックでもできるが日本では仮設事務所や災害時の緊急建物程度である。アメリカ木造住宅は「2×4」工法(ツーバイフォー・2吋×4吋)が主体で素材的に壁工法として組立てる。背景に合理化意識があり、工事現場は半工場である。建築空間業者と内装や家具業者とは分業する。発電と送電も分岐すると同様の合理性である。建築資材業はダンプカーも運転付で必要材を指定時間に指定場所へ必要量を届け後始末も含む日本は別業者である。

基礎や設備専門業者も分業され自宅は住む人が自由に造れる。設計図も販売され、責任は設計図にサインした人にあり、役所は無関係で統計用だけ届ける、販売とは分岐する。建築物も商品と効率的な工法といえる。日本は伝統や習慣にこだわり自意識は薄い。(P174)

⑷トラス造　truss construction

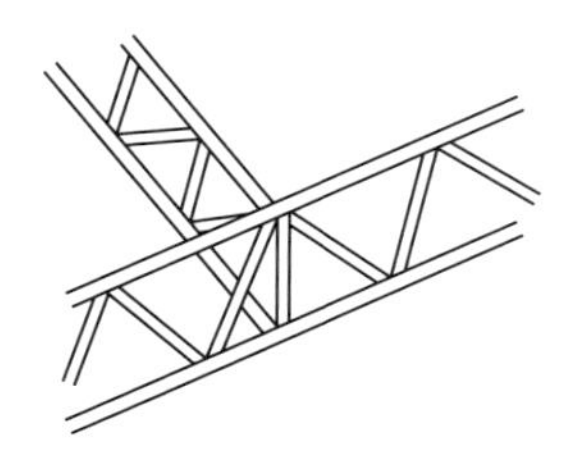

図8.7

トラスとは三角形の連続形態を言う。柱・梁を三角形で強度を構成した部材で構築する。橋や塔に用いられた骨組を建築に応用された。Trussとは束ねるが原理で、建築では三次元結合と直線の斜線体合成となり、全体も多様な形態に応用され、大空間も構成できる。パイプ材トラスは見ためもよく多用されている。欠点は全体構成の一部であるため、主要部分が崩壊すると全体も崩壊する。軸組は一部残るのと比べ対照的である。

⑸鋼接造　steel construction

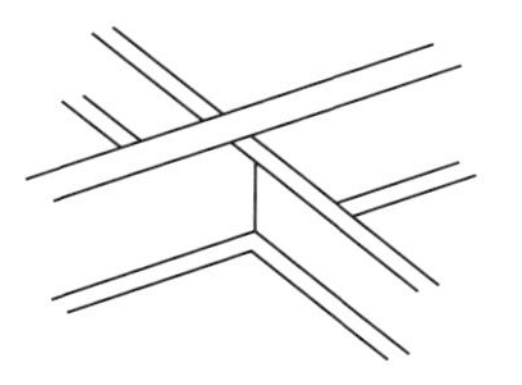

図8.8

幻想は自由でも実現するためには部材の接合が必要である。♂♀と対位が発生する。２方法があり一つは「実態特性に同調」の融合(する)と、他に「外的要因を同態」の混合(される)で確率と効率の一体化を目的とする。物理・化学・生態にも転写し、融合方法は溶接、混合は柄(ほぞ)・部材の一部を細く残し接続体穴にさし込み一体化する部分・ボールトとナット・ダボ(別物体の短い柄材で接続体双方に差し込む。ボタン機能と同じ)などがある。超高層ビル構法である。耐震構法も含む。

⑹スラブ造　slab construction

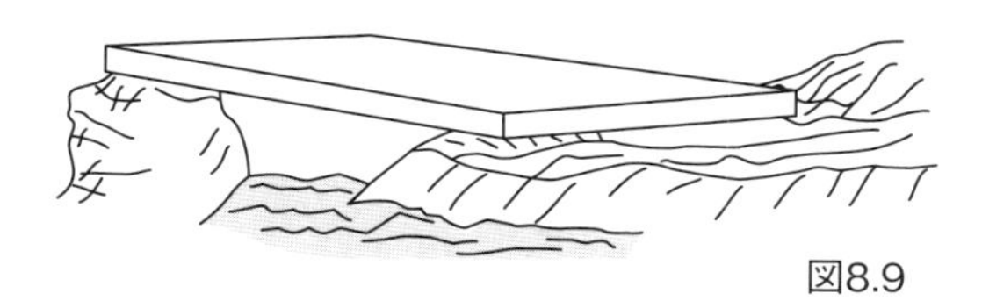

図8.9

周端片を支持床(slab)構成で、傾斜や凹凸、開口などに構築される。岩石や流木などを支持体に森林内で原始的、他生物も多様と構成する。

⑺シェル造　shell construction

図8.10

貝殻状の曲面版構法で流線形表現となる。球状波形ドームと多様形はRC技術の発展によるものである。細型アーチの並列で変化多様となり、シドニーのオペラハウスなどがある。貝殻は断面が微細の山形螺旋連態で成長する。螺旋はギャップを誘導する。根元は厚く先端は薄い。DNA遺伝細胞を1952年フランクリン(1920 ～ 1958)発見は重層(ねじれ梯子状)であり再生する。(P142)

⑻ケーブル吊り構法　cable construction

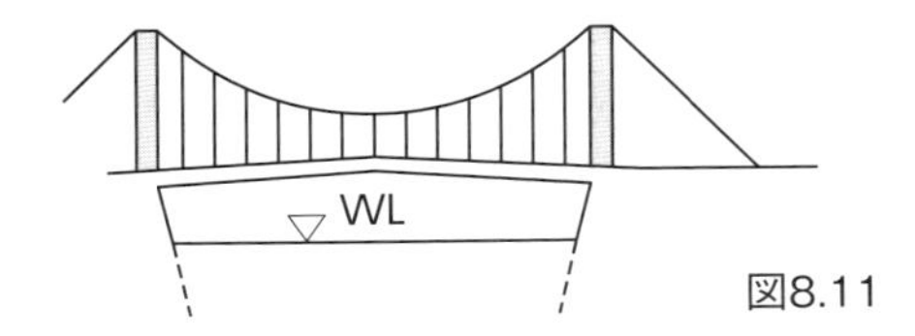

図8.11

吊り橋構成の応用で曲面屋根となる。支柱多数で大空間もある。小型のものはテントだ。逆面体はアーチとなる（重力レンズ効果・時空）。網状の端部吊りはハンモックである。宇宙の星もハンモック状の重力波で静止態と見えるが詳細は研究中である。光波が振動で重力波となり、微小と広大な宇宙も相関性である。

⑼皮膜造　seal construction

ケーブルやアーチ支持間に皮膜使用で構成されている。内部空気圧調整で形体維持の建築は東京ドームがある。屋根部分の支持間張りは軽量、ドーム型のビニールハウス。平面張りはトランポリンとなる。

⑽可動造　movement construction

床・壁・屋根などを必要に応じてテント式と移動する。軌道上移動性の列車式が建築に応用された。大空間では音響処理対応が難しくなる要素だ。採光用に有効でも、空調用は抜けるので難しい。

⑾混合構法　blend construction

現実は最適要素のブレンド造となる。全体螺線型。地下周囲堀下げの採光壁。傾斜眺望等。

⑿モノコック（monocoque）やハニカム（一体型）構法（フレーム・骨組）

車・飛行機・船・ラケットシェル。軸組などに応用できる。Pointは仮枠か鋼体枠内充填材の溶解材抜出し基礎材、最底部流入で固体化プロセスの仮設構法と固体化時間が必要だ。

3）構造の背景

構造は大と小、個と集の4態に対応している。社会もアナログ・デジタル・カオス・ランダムと4分岐された。NYは数億年前の岩盤上に高層ビルが建つ、このようなバックステージがある。木造建築は継手が乾燥すると縮小し地震でゆるみ、風化で抗力数値化不能になるが、それでも千年前以上のも残っているものがある。時々解体補修も行われる。多矛盾を内包している。科学は分析により無矛盾追求をし発展した。心理では「両価感情」で「アンビバレント」という。論理では「矛盾・対立は両立しない」「アンチノミー」（二律背反）を理性とする。置換と活用により差（parameter）は現われる。相関性である。

ボアンカレ（1854 ～ 1912）は「科学は真実に関与せず便宜に関与する。地球が回ってると仮定すると説明に便利だ」と言った。ウィトゲンシュタイン（1889 ～ 1951）は「知的機能本質は、意識からくる感覚（本質直感）」で「世界は事実の総体で、物の総体ではない」と事実を観察した。心理と論理を合成と言語分析の限界は体験知を分離し「語り得ぬことは何事かを示す」とした。ベイトソン（1904 ～ 1980）の「精神の生態学（エコロジー）」は分裂症と創造の活性化は類似とした。精神と物質、人間と自然との関係を、「精神」の一元論と理解できるようになった。閃きとは推測の期待であり、仮設の成長、繊細（デリカシー）、バイパスとなる。（P190）

第9章

幾何学

建築は設計・製図・施工の順で完成する。図形表示の幾何学を理解し書き･読み・伝達が必然事項となる。概要理解用と「存在幾何学図A ～ E」と5項目に分けて解説する。反省思考が哲学の仕事であるとするが英訳ではphilosophy（哲学・原理・考え方）で軽く言えば知識反芻（はんすう）である。

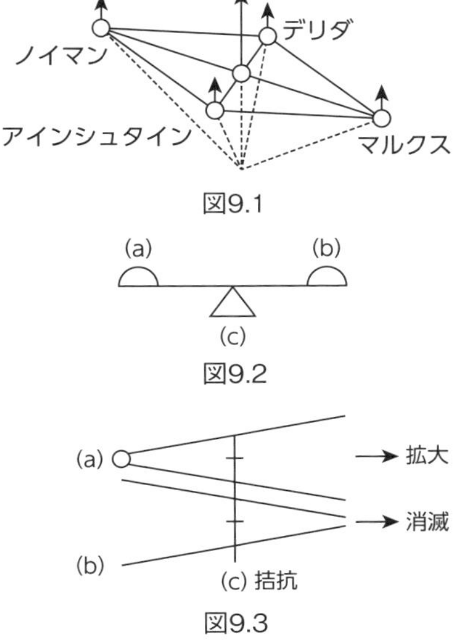

図9.1

図9.2

図9.3

1．「存在幾何学図A」（図9.1）
「主観と客観相関性」に「単複相関図」「ゲームの正解は本人だけが知っている。」

2．「存在幾何学図B」（図9.2）にの読記がある。(a)・(b) デジタル、(c) 支点、天秤性。

3．「存在幾何学図C」（図9.3）
(a) は意識の拡大、(b) は熱と力の縮少は (c) の拮抗となり分裂や戦争となる。相対適応不明。

4．「存在幾何学図D」（図9.4）
(a) は選択、(b) は追求、(c) は事象最適不明。
5．「存在幾何学図E」（図9.5）
美しい曲線のサイクロイド曲線は半径で決まる。

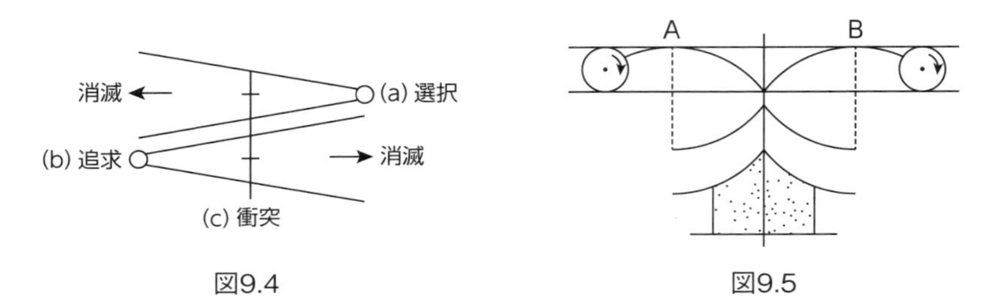

図9.4　　図9.5

1）測定意識効果の幾何学

視覚体の分析と人類から測定意識を除くと他動物と変わりは無くなる。また人間を成熟させ、多様な方法に“置換”する思考と行動を支配する意識が基底にある。これは事実問題と意見の問題に差（ズレ）があるからだ。具体的に水中の魚位置と水上から見える位置とは光線入射角差で異なる。意識せず当然と役立てている。現代は情報の中に覆蓋されている。これを誘導・批判・罠とみるかだ。理由は不利を追求し有利を隠すからだ。

BC6世紀ピタゴラス（ギリシア）が領地測定に「直角三角形の定理」で点・線・面を利用したことから始まり、アラビアのユークリッド（BC330 ～ 260）が書き残したユークリッド幾何学は3次元と発展し、建築設計に応用されてきた。リーマン（1826 ～ 1866）幾何学発見まで続く。

幾何学（点・線・面）と代数学（記号概念）を組合せ数学となった。意識を理論と堅苦しいが現実は状況の多様と充足だ。女性が化粧や買物を好むのも充足のオンステージ、バックステージは数学となる。「複数の世界の理論」となる。幾何学とは、ある図形の変換群と他に重ね合わされる転化図について調べることである（光は入射角と反射角は同じ。これは光経路は最短になる位置にある「線」を示す。芝生の踏跡も）。状況の縮小や拡大と、図形は空間と時間（移動で表われ停止に変わる（位置のエネルギー））を含む。同時性を含むと仮定し「時空」と日時計から始まり視覚化でアナログのデジタル化された。イギリスに石造の「ストーンヘンジ」（BC2600 ～ 1700）がある。木造は風化消滅しやすい。世界各地に太陽光を利用し時間測定用と思われる建造物が存在する。（P15）

図形は大枠的でエネルギー効果測定方法の一種となる。

測定意識

1．ユークリッド幾何学（BC6 ～現代）。平面測定。
　意識は「直線」と視る。辺長と角度で面測定。
2．リーマン幾何学（1826 ～ 1866）。曲面測定。
　事実は「曲線」である。流す・流れ。固定。分析。
3．ゲシュタルト幾何学（20世紀初・ドイツ）
　現象はまとめて考えること。「相乗効果」。
4．フィルタリング幾何学（1960年代・ソ連）。確率制御の確率図。
　群を「記号化」し扱い易く置換は効率。
5．ファインマン幾何学（1918 ～ 1988）　順位は別物表示形の光。
　理論は固定を、事実（現象）は「変化」と対照。
6．サブリミナル幾何学（1973年・ケイ・W・B）　閾値（いきち）。潜在意識図形。
　微分は刺激で量と積分し「別現象」と変わる。
7．フラクタル幾何学（1975年・マンデルブロ）　関数理論図形。
　力・質量・加速の加工に空間・時間の「相似体」。
8．シンプレクティック幾何学（1986年・グロモフ）　関数で移動。
　混合・融合と合成体条件は「半径」で最適化。
9．デリダ幾何学（1930 ～ 2004）　意識順位で効果も変わる。
　合成順の差異で「意識」と物事差も根は同じ。
10．存在幾何学を分岐し始まりと限界の中を解剖、意識は小から大へ。

意識変化は発展したが、最適は不明。「ポスト幾何学」はイノベーション（技術革新）に包まれている。図形質から意識に転写、絵画も。

１～５は「視覚性」。重ね合わされる連化図。外省。６～10は「立体連想図」。逆説と変型し重ね合せの多様性。マルクスの置換は、ノイマン・カーン・ヴェンチューリ・デリタ・ザハ・ハディドと見える光から、見えない光体に移行した。内省へ。現実にレーザー光線追跡と銃身のない光線銃が使用されている。原理が現われると「応力・反力・単数・複数・逆説・巨視・凝縮・速度・角運動」等で拡大のプロセスは連想意識へ発展した。（P84・181）

測定意識、幾何学の並置は、人間が持つ感じる・見る・考える各能力の成長をたどることができる。また幾何学は建築空間に応用されてきた。自然界の現象は人間が考えているようなフェアプレーはない。大きい変化を災害とよび、小さな変化で好都合なら幸福と喜ぶ。現実と願望の差を実感し何故と考えている。体験を組合せ知見と不都合を回避する訓練場が学校となる。教師は体験を知らないから不都合はバツとなる。教育も視覚性から連想性主体へ世界は移行している。

確信の根拠をつきとめる方法は不明だ。ジャングルの原住民が最新流行衣服でパリの街を歩いても、逆にパリの人がジャングルを歩いても表面だけの変化で人間は不変だ。峠理論で頂上と谷底は各一つだが、中間に峠は無数ある。幾何学は峠の探索であり、社会現象でもある。デリダは技術応用意識でトンネルのバイパスを導入した。閃きの媒介である。さらに仮定・混沌・幻想などデザイン・マーケットとメディア化に拡大しつつある。これを個性として獲得できれば成功だ。

設計図も手書きから現代は「CAD（computer aided design）」で行う。16×16＝256の多要素に分析し最適化を表現する。1000万分の1秒速で要求まで繰り返す。現代は画像と3Dプリンターで模型化も可能である。さらに速度・画像・係数も多様な加工は進行中である。

⑴ユークリッド幾何学　平面測定方程式

意識は「直線」と視る。辺長と角度で面測定。

ユークリッド（BC330 〜 260）はアラビア人であり、ピタゴラス（BC6頃・ギリシア）の「$a^2+b^2=c^2$・直角三角形」の定理をアラビア語に翻訳し残したので、2500年以上、現代でも平面測量に応用されている（空間数学だ、時間数学はガリレオ（1564 〜 1642）が「物体が進む距離は時間の二乗に比例する」と発見）。アインシュタイン（1879 〜 1955）も時空測に応用し「$E=mc^2$」とした。京都街路の格子型も同様だ。言語では質量となり、単独で役立つと良い情報、それがまとまり量は別の価値を持つと「カン」の自発性となる。基礎知識の必要理由であり、二進法の原資となる。共感が多ければ定説となる。三角形を「３：４：５」の割合は３と４の間が直角となる。工事現場で水平や垂直の設定に使用される。メッカの方向を知るために翻訳した。

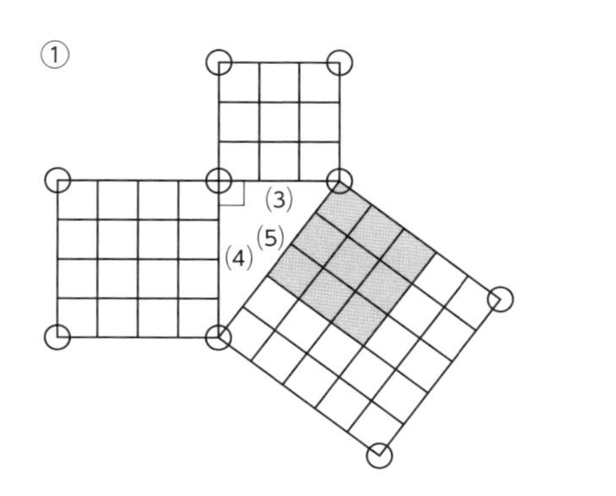

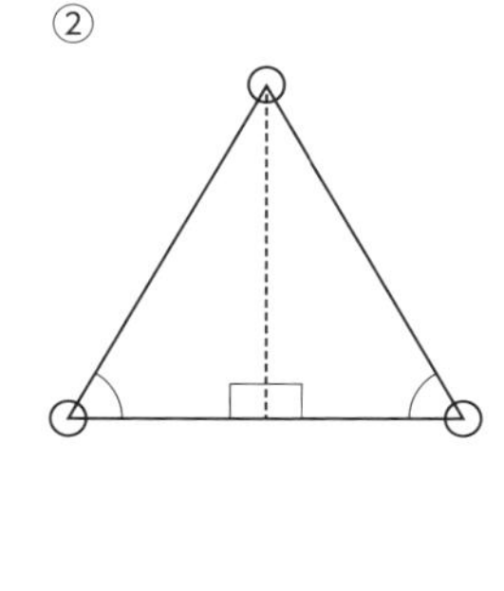

図9.6　基本形

発想は自己との共感であり、離れると「フッ」と想いだす、馬上・枕上・厠上の３上と言われる「カン」である。それがセンスの感覚力で見る人が見ると「判る」となる。先天性（真感力速い）と後天性（記憶力引きだす）とある。ある状況の連結で表われる。「意識」・「知覚」・「内部情報記憶」・「外部情報刺激」・「判断」となる。感覚は視・聴・嗅・味・触・運動・平衡・力など。黙って居ても周囲に無数にある。意識と星状にハンモック仮想膜のセンサーで受け留めて脳に送り込まれる。ストックされある単位になると「閾値」と反応し、知覚となる。パルス(短急変波)本能性態の内部情報と引き出す記憶だ。「判断」の有効・無効・無視を選択する。バックステージ効果だ。(P63・79)

次に「仕事」の「計画・実行・評価」と「Plan・Do・See」に移行する。能動と受能とあるが、良し悪・正誤は不明なので、反応か答えで判断する。レベルは経験の累積となる。分析と確率の訂正で変化し別の平衡状態になる。不良は消滅する。幾何学も時代の差位に合致することを求められ、物体化の時空となる。不足は加えられ、不用は外されるため新規と見えるが前案否定は共通であり、「上手は模倣、偉人は盗む」とピカソ(1881 〜 1973)は言った。先人の強裂置換表現となる。コースで過程の変化で、誤りも数が多いと消え、ピーターの法則となる。(P82・171)

(2)リーマン幾何学　曲面測定方程式

事実は「曲線」である。流す・流れ。固定。分析。飛行機も地球曲面に対応する。

リーマン(1826 〜 1866)の曲面測定は非ユークリッドと曲面幾何学を発見した。(図9.7①)オレンジの皮を切り開くと同半径円面より大面積となる。(図9.7②)a＞b。馬の背に乗せる鞍は(図9.7③)c面とd面は反対斜面であり、途中間の(図9.7④)焦点を通る線は上部(オレンジ)の場合と、下部(鞍)の場合で面積は異なる。これはユークリッド幾何学が同一平面という条件があることを示す。現代は船や飛行機の最短航路に地球表曲面近く直線移動の因子となる。曲面上では三角形や平行線に別の幾何学対応である。アインシュタインも応用した。

これが発展し宇宙の運命、光が星によっ

①

②

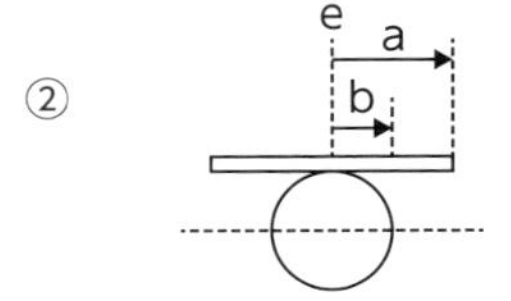

③

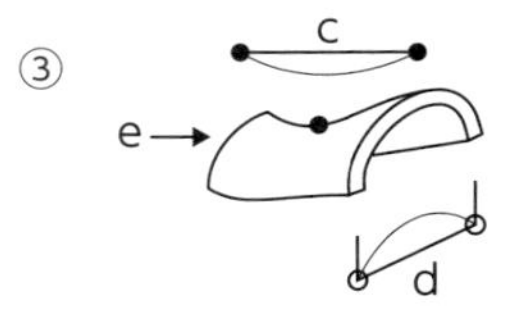

④

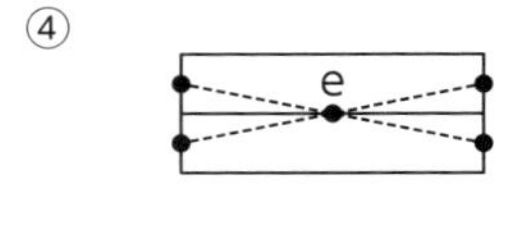

図9.7

て曲げられる。ブラックホールなどの発見となる。端的に宇宙内の掃除機だ。大枠では、有も無もが存在とし背景は平衡なので、ある平衡から別の平衡へ移行過程を変化とする。万物は常に動いているため停止や同時性はないが有ると仮定するのは変化し別の状況になるとの説明が判り易いからである。昼と夜も「地球が回っていると仮定すると便利だ」となる。(P181)

現実は太陽と地球は共に回転しながら銀河系の中で銀河の端にあり銀河系も回転している。人間は地球表面に居るため自身を客観視できない。

宇宙の星が時空に存在する曲面に地球面と同様に「測地線」(ハンモックと仮定)を設定すると、光は常にゼロに収束する最短時間経路の応用と、リーマン方程式で算出できる。単純に横断面で測地線変化量(沈み)で時空は凹み、下からは膨らみとなる。この沈みが各星の存在を設定し相対的に釣り合い星座を構成している。タイヤの凹凸はブレーキ。逆視のマサツに勝てるのは迅速だ。トランポリン仮想膜の凹凸一時性、ハンモックの凹凸恒性となる。宇宙の星雲が質量を増し近接連星となり一つ星と成る時はハンモック網が切れ新しい測地線と成る。十分な質量が集まると時空が曲げられ(一般的に引力という)、光を屈折させるレンズ効果となり「重力レンズ」となる。星の発光が変化する連星パルサー(星の化石)は重力場で波動を発生し「重力波」となる。さらに質量が集まると測地線の部分はハンモック網袋状に伸びブラックホール(星の残骸)とパルス化だ。地上でも降雨の時は身体に雨天の重力で重く、晴天の時は軽く動き易い。地下では逆説現象の地震となる。地上物体の凹凸・バックステージだ。(P40)

⑶ゲシュタルト幾何学　相乗効果・星座の地上化・配置図

現象はまとめて考えること。(P84)

図形は点・線・面で形態を構成している。ある空間となる時間の融合転写だ。感覚・意識・知覚・内報・外報・判断の直線と曲線パルス融合は分岐別現象だ。Gestaltは20世紀初頭ドイツで提唱された。単体の集合は相乗効果（注釈：コラボレーション・collaboration・共同製作・「のりづけ＝コラージュ」の原義）で総和以上に統一体と把握する立場でチームワークである。この思考は全世界に拡散し現代でも展開中で評価も多様因子となった。正誤・優劣尺度の仮設定である。意識は小から大へ、熱と力は大から小へ、途中で焦点発生する。人の選択はただ一つと限定されるので完璧不能。相乗構成効果とした。「嘘でも多数は真実」とピーターの法則となる。単体や個人はウソやごまかしが入るので無視の時代だ。

欧米大陸は陸続きで攻防が全て、負は消滅が背景。無矛盾追求で不明なことを「不確定性原理」と仮定した。対称的に東洋は時期不明の地震・台風など多矛盾（redundancy）に支配され理性より気配性が重要となる。西洋の無矛盾の効果に核爆弾発見は限界発生した。

現在では東洋の多矛盾と理屈に合わない現象も有効となった。価値観とは有るのではなく造るものであると認識された。ギャップ（gap・隔たり）はプロット（plot・複数の必然的連結）により、パラメーター（parameter・統計母集特性値）となる。この認識は科学・文明に置換され多様に幾何学は発展する。（P82）

図形は判り易い、言葉を知らなくとも指を指せば理解することができる。脳は形を意識と連結してある。多数の眼が向くと効率的になる。超現実でも現実と理解する方法は太古からあった。砂漠や晴れた夜空で星空を見て感じていた。形は図形とし、数が違えば図形も変わる。夜に見えた星が昼には消え、また夜になると表われ、毎日少しずつ位置は変わる。知覚的に名称をつけ区別した。ハギンズ（1824 ～ 1910）は星の赤方偏移とドップラー効果（音の進行理論）と関連づけた。

建築をこのように造りたいというアイデアを、図形と数字寸法で示すのは、情報と製作図、材料で物体化するということである。完成した建築内部に特定の空間と時間が二次（存在と平面）・三次元（平面・立面・奥行）・四次元（時間と空間が同時に加わる）と現われる。センサー（sensor・感知機能）効果である。しかし意識しないと現われない。

幾何学は意識化へ移行する。

⑷フィルタリング幾何学　確率制御の確率図

群を「記号化」、扱い易く置換は効率。(P168)

航海で観測値に基づいて最善の舵を取ることをフィルタリングという。最適化は別の意味だ。不確かな状況もあり、不確かな結果を最適化する問題を解くことである。原理・経験・体験の融合で、工学知・経験知・体験知とも言う(物体型)。建築の場合、現代は軽く・薄く・透明。部材設置点は少なく、最小作用で最適化(理論型)。新しいとは独立した工法組合せのことである。言語は思考・意識の枠組みを決める役割がある。幾何学のグラフ化で要素分析し知識累積応用と、従来の変分法(不確かの替え代用化・plot)と新しい変分法(確率の累積化)の組合せで、確率制御の確率論となる。確率追求プロセスに制御を加え、人間頭脳の限界を置換することによりクリアした。完璧を追求するのではなく不備は不能と薄くし認知した。「反動とウィルス」も発生し「技術とモラル」の対立という新しい負の状況も現われた。コンピューター発達で、最適化の工事管理、経営管理、経済管理、金融管理など簡単にできるようになった。要素は迅速性で1000万分の１秒で内容は変えられる。(P169)

1960年代、ソ連の数学者ポントリャーギン(1908 ～ 1988)の発見原理である。多様な状況(アナログ)を記号化(デジタル)とし、方程式で解き、再生幾何学とした。アイデア・概念を生態性と扱い記号化した。米国のアリー(1885 ～ 1955)は「動物種の個体は利益を求め寄り集まる」。ロシアのガウゼ(1910 ～ 1986)は「同じ生態的地位を占める２種は同一場所に共存できない」。英国のラブロック(1979年)は、「地球上の生命態は自己調節できる有機体生物のみ生命を持続する」と生命理論を提唱した。これは生命管理であり、フィルタリングの観測値に最善化で最適化ではない。科学の発達は我々に長寿と豊かな生活をもたらしたが、どう生きるかの方法は教えなかった。しかし、確率と効率を追求する方法は覚えた。関心の外省と才能の内省の存在も知った。人類は地球上から回避できない終わりなき民主主義の背景だ。

人類の課題は情報の発達で、国境は消滅した。破壊現象は無線情報でも可能、サイバー攻撃やテロの新兵器のフィルタリングも現われた。

⑸ファインマン幾何学　順位は別物表示の光となる

理論は固定と、事実(現象)は「変化」と対照。(P25)

ファインマン(1918～1988)のダイアグラム。電磁力(粒子で波形・立体図)、原子核を回る電子が位相を移動時に光子エネルギーと放出(立体図)。

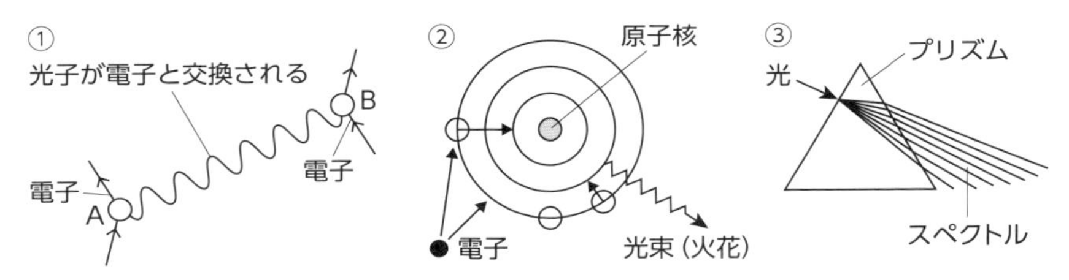

図9.8　立体図・平面図・断面図

見るの「変化」を分析は直線・曲線・相乗・記号で現象とした。建築物体は物理学であり、法則が確率と統計に依存しているのを発見した。粒子が波となり波動性で「ぶれて」不鮮明にもなり、不確実性もある。偶然に支配され、全て決められない。だから「変化」もあるとした。サイコロを振ると1/6の確率はあるが次の目予測は不能だ。人間意識よりも光は速い。拡大図の巨視化で判る。意識・体験できるのはただ一つだけが残る。フィルタリングの「記号化」に「変化」を加え、オートメーション工学という新しい数理分野が発展する。光の幾何学応用である。

光は電磁波の電気と磁気の粒と波から出来ている。「観測値に基づいて、最善の舵取ることを、フィルタリングという。「$a^2+b^2=c^2$」・

「$E=mc^2$」も同様、社会の慣習が絶対的価値基準ではなく、ある平衡状態を表わしている。そして平衡状態は無数。平衡状態から別の平衡状態へ移行過程を「変化」という。ファインマンはプロのボンゴ奏者でもあり、楽譜に基づいて最善の音を打ち鳴し観奏者に与える。(図9.9) 光の座標である。実演奏音は同時性である。

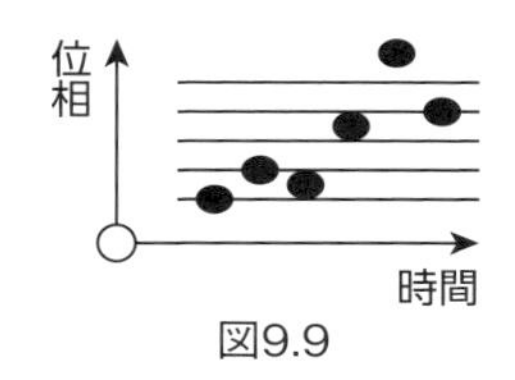

図9.9

ライト (1867 〜 1959) はピアノ、カーン (1901 〜 1973) はチェロの奏者だった。変化と共に発生する新しい文化を目指した。ニュートン (1642 〜 1727) など学者は光は小粒で連鎖し“から”の空間を移動すると信じた。ホイヘンスは1677年に空間は“から”ではなく、何か媒質で満たされており光は波が水面を伝わるように空間を振動でできてると考えた。波束振動である。波が通り過ぎた後は無数の新振動源が残る。(水面に平らな小石を横に投げると見える) さざ波だ。(同じ楽譜でも優劣が発生する。接続方法の差であり体得能力だ。人は音色(ねいろ)が違うという、ドップラー効果である。) これは途中で打ち消し合い一つの方向だけが残る波動力学だ。大域的に最初の波(波頭)しか見えない (ファインマン巨視化)。粒子は常に加算される。これが波と粒子の違いだ。

仮設定は同時性である。現実に観測中はあり得ないが意識値は同時性を元に対応する。事象 (気配) (兆し) は先、後に意味 (理由) を把握するのが近代でヘーゲル (1770 〜 1831) 論だ (観念論)。マルクス (1818 〜 1883) の置換論。デリダ (1930 〜 2004) の意識論と進行する。共通はフィルタリングである。「今何するか」だ。(P169)

⑹サブリミナル幾何学　潜在意識効果

閾値(いきち)。潜在意識図形。微分は刺激で量と積分し「別現象」と変わる。

「ファー」と浮上する予想外の意識、「ヒョイ」とよける時は意識する「カン」である。無形図示で共感は席を離れるとでる。夢もそうだ。判別因子不明、無経験は含まず本人が忘れているからだ。潜在記憶、サブリミナル (subliminal) 効果で「閾下(いきした)の」と最小刺激強さを「閾値」とする。subは「下の」 limien「閾」だ。連続映像に瞬時挿入された広告のフラッシュバックもある。知りたい興味とプロット効果である。人顔絵も瞳大きく目尻切ると活き活きと見える（画くは視覚。神経切は押える）（連想する脳活）（オルバースのパラドックス）。過ぎると漫画、境界は不明だ。物語りは矛盾していても神話や文学となる。情報はP・T・Oで多様に変わり、焦点を何に絞るかで決まる。剣道試合いのスキは竹刀の切り返し時一瞬止まった時だ。メトロノーム同様、440分の１秒。その隙を狙う。連想と体感で覚えるのが訓練となる。経験は数えることも教わることもできない。主観幾何学で1973年、ケイ・W・Bはわずかな意識を距離の拡大化し（ファインマンの巨視化）効果を提示した。習性形態の分析と「意識レンズ効果」、ファインマン巨視化の逆視となる。風車回転も風上と風下から（逆視化の）視覚視は反対と鏡効果になる（ダビンチの鏡文字）。映画も16 ～ 24/秒ピッチで画像を見せると脳は「残像」効果で連続視する。迅速ピッチは脳限界で車回輪は逆回転だ。静力学的には反力となる。（P36）

存在は対位差がある、単視多体（控除・演繹・deductionの必要以外差引く積極性の主観・応用（サッカーの攻撃体制・オンステージ））と多視単体（誘導・帰納・inductionの電気は磁場で引張る積極性の客観・分析（サッカーの守備体制・バックステージ））と方法２種は常に循環し高質を目指す因果関係となるが難しく、推測の期待となる。「根拠と帰結」を分析しないからで閃きとオーラだ、バイパスとなる。（図9.10）意識で決まる。円グラフなどで示される。潜在意識のゲシュタルトとなる。（P67）共感が多量になると快となる。図示が脳に転写され他者に移行する記号性だ。内容は個性並列となる。感応要素は大枠、感覚差は不明だ。知と環境は隠れる。建築では工学知・経験知・体験知でデスクプランに現われない。ギャップ対比が感情を強め、意思決定を変える。評価は背景無

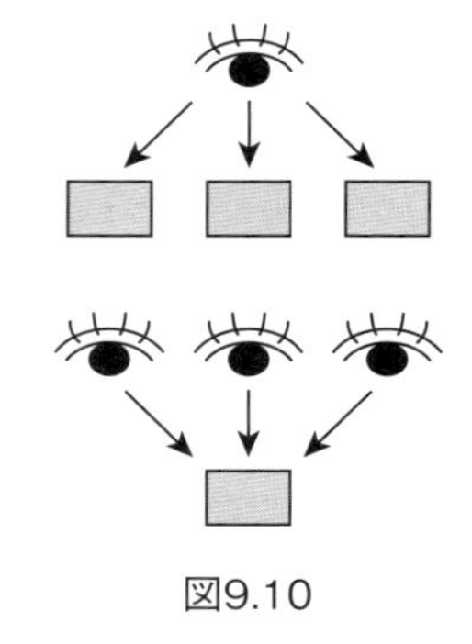
図9.10

視、発見の強調はプロット差となる。パラメーターと論評は自己美意識との比較で集団知とは異なる。完璧は有り得ない。関心と才能の習得方法として、楷書を習うと美意識の訓練となる。統一性は停留と提示作用となる。定形に普遍性と合理性を含むからだ。鼻形も雑にし側を丁寧に抽くと凸面となる。紫色と白を並列すると白が飛び出す、紫は屈折大で光速は遅れるからだ。閾値の中にも遅速がある。意識強化(単視多体)と引き上げる効果は多いと期待もあるがリラックス(多視単体)で浮上する部分もあり、偶然という。

(7)フラクタル幾何学　fractal＝「関数理論で図形」(数学的概念)
(ゲシュタルト心理の幾何学化(チームワーク))

力・質量・加速の加工に空間・時間の「相似体」。

客観で「自己(願望・欲求が隠されてる)相似性」の連想を関数理論(y＝f(x))で1975年、マンデルブロ(フランス)が理論化した。

隠すは煽(あお)ると逆説発生の具体化。科学とは主観を客観と置換で成立するの例で「あの月を取って」と子供にせがまれ方法を考えたことから始まった。相似・類似性は多い、シダ葉の細線並列、三角形分列はコッホ曲線と置換は多様な地勢に応用できる。三角形化はピタゴラス定理で測定値となる。アナログをデジタル化し記号化は「関数(function)」と転写できる(固定化を移動能力のエネルギーとした)。ある数yが他の数xの変化に呼応し決まった変化と相関関係(注釈：配置図)の場合xに対するyのこと。「y＝f(x)」((平)(配)(断)(立))と記号化される。F(断)は内容の関係性に踏み込まない。選ぶのに一番自然だというものはない。建築に置きかえるとy(素人と評論に応用される)は集況・デジタルで平面図、xはアナログの立面図、fは断面図でカオスと二つの端(有と無)・

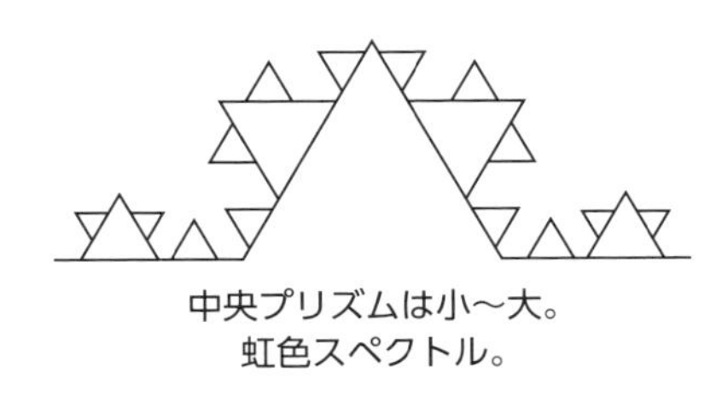

中央プリズムは小〜大。
虹色スペクトル。

図9.11

(生と死) で切れている。＝(配置図) (イコール) と等価性(宇宙尺度) (環境) は配置図で停留作用と挟まれて成立のランダムと四大域となる。名詞は田の字四要素(中心に大黒柱) (脳幹・司令塔) となる。ホルモンのアドレナリン＋ドーパミン＋セロトニンの三要素が快因子である。

具体的に名詞の停留作用原理の「進化」をダーウィン(1809 〜 1882) は、生存競争が働いた結果はより優れたものへの変化ではなく「変異を伴う継承として表われる」とした。この洞察は今日、遺伝物質のランダムな変異」という事実に裏付けられている。太古、不明な事象は「神」であったが、現代はランダム(random・法則性のない) に置換される。

アイデア・概念は関数論の確率と統計によって洗練され、物事や物体の真偽を人間は判定する。判定思考を哲学の理性とヘーゲル(1770 〜 1831) の近代哲学は精神論。工場で大量生産が始まるとマルクス(1818 〜 1883) の唯物論と移行した。双方連結の「動機・原理・応用・効果」の位相順は同じ、空間と時間は別々と意識されているが切り離せない。同様に力学と時空も離せないと「測定意識」は幾何学となった。原理と応用の間を行ききすると凝縮する動機と効果は外し、相対と相関の関数で万物は全体の形状とその一部の形状が相似となる。類似と巨視化がデリダ、フラクタルが示される。分析・融合など意識で存在の一種、幾何学は停留から気体性へ移る。

(8)シンプレクティック幾何学　対位の融合

関数で移動。混合・融合と合成体条件は「半径」で最適化。

1986年、ミハイル・グロモフの発見。(symplectic・単純的な)　固定・固体の移動と融合の理論化。「動かす」の幾何学で、幾何学は変換群の重ね合せ図形に他から融合拡大と移動の要素半径[R＜r] で決まる。体積は伸ばし細く、シンプレクティック幅(symplectic width)

と理論化し、固定幾何を開放した。「閉じこめることは，煽り立てるということだ」。サブリミナル応用。固体・液体・気体で知覚縦糸。横糸と高さを加え３点で座標位置は決まる（フラクタルを液体・気体化と転写し動体化した）。（図9.12①）と空間で気体化となる。世界も人間も機械である。動くことで存在となる。海の中に死魚はいない、他魚の食摂となるからだ。相対・相関現象である。相等性ともなる、食摂にシンプレクティック幅を変化する必要となる。完璧なフラクタルを他要素で崩すことになり、ある相対性は平衡状態が最適でないと現われる。この循環で存在と認識されるのだ。（図9.12②）食物連鎖も動態幾何学だ。（P11）

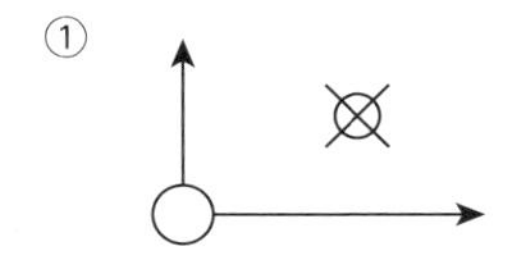

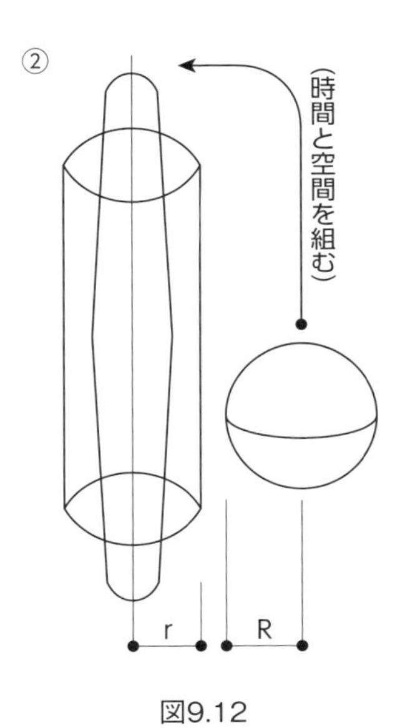

図9.12

空間図形の幾何学は形・大きさ・位置など性質研究と発展したが現代になって限界が現われた。固定、集成、微積分、関数と性質対応追求は、最小作用の原理から最適化理論への最善世界と数学の自負は崩れた。建築の大型化で数万人収容場は多くなった。発声の大音響処理、休憩時のトイレ設置数、退出時の通路などは予想不能でも必要。最適と最善とは別次元となる。量子論は時間と空間は分割できないと「不確定性原理」は確率と統計で物理法則と発展し、人間意識を切り離した。現実の行動意識は自由と賛辞する。心も自由、意識も自由に時間と空間対応は「ぶれて」不鮮明、「ゴールなき民主主義、偶然」などと人間の行動が決められていないことを意味する。背景は「同時性」の扱いである。内容の要素多数と迅速化で同時性を人工化と技術は効率で確率を作った。役立つ部分の期待どうりもあるが、集積で別の意味も現われ阻害もある。経済は無物質の電子マネーもある。人類は新しい意識の検討時代に向き合うこととなり、バイパス論だ。「共通善」ともなる。税金も、流れは不定でも必要だ。

⑼デリダ幾何学　バイパス論

意識順位で効果も変わる。合成順の差異で「意識」と物事差も根は同じ。意識言語を発声幾何学の出来事と物体化した。

デリダ（1930 ～ 2004）の意識能動幾何学、1967年より、点・線・面の構成現象幾何学を、既存の言語で思考されたものは自作ではなく言語は社会的なものであるから言葉とはコピー（複写）で独創（オリジナル）ではない。「感想」は内省なので自由態で「言葉」とは別である。正常と異常。優と劣。真と偽。無矛盾と多矛盾など二項対立は存在しない。意識と物事の根は同じで対立を解体する。「脱構築・deconstruction」とした。“de”は前頭詞、「分離、否定、降下、完全」等を含み「脱構築」の翻訳は不適だ。西欧思想の理性は最良への異議を行う。文学論、芸術論などに影響し、フェミニズム（女性権利主義）は、1960年代～ 1970年代に参政権、性差別、性転換などに現われた。理性とは、正当化する観念。西欧の形而上学（無形のもの）の幻想である。自己同一的概念で把握を前提が根幹にある。言語で抑圧し思想体系を押しつけた。これを暴き出す・対立軸抜き取り作用で弱者の排除を脱構築とした。凝縮すると「力は正義なり」は崩れ、強・弱者も自己構築しつくすことは原理的不可能のメッセージである。（P189）

⑽存在幾何学

存在幾何学を分岐し始まりと限界の中を解剖。

幾何学は面・空間を形・大きさ・位置の意識を添付し理解する。人間は有限級数に拘束され並置し「存在」する。意識は小から大へ、宇宙の熱と力は大から小へ向かい、拡大と散逸の交点が現われ納得・幻想・回避へと分岐する。裏返しは逆説（パラドックス）となる。凝態と置換は自己構築と強調の覆蓋で明確はデジタル社会となった。中間の幻想を評価する。当人は不明でも済む説明理由は多いからだ。地中海文明で語源はラテン・ギリシャ・ローマ語から得られる。プロット効果だ。not・or・andの転写循環で世界中に拡散し存在は置換された。人は「私は誰なのか、何をすべきなのか」を探し続ける。ピタゴラス定理の「$a^2+b^2=c^2$」に該当する意識である。アインシュタインはカオスと両端を切り「$E=mc^2$」と構成を分析した。恋愛も異性を足場に責任と倫理を裁切(たちき)りで成立すると、周囲は驚き話題はギャップとなる。建築はこの逆説でギャップはプロットに応用され歴史に残る。存在幾何学だ。理性も無矛盾と多矛盾の両端（発生と終了）で切れるカオスである。

「存在幾何学図C」（図9.13）

(a) 意識は小から大へ（優越感と劣等感の対立化）、宇宙の(b) 熱と力は大から小へ向かい、拡大と散逸の交点(c)（文明・文化の衝突発生・拮抗で小は「意識差」・大は「戦争」となる）（電子が相互に光子・粒子発生）・（文字伝達は電子・同相互発生は経済の人間社会と同）。調整で納得・幻想・回避と分岐する、裏返しは逆説となり対比である。数学や技術の進歩に伴ない対象描写が瞬時に変化表現できる。意識的・無意識も度を強め、表示は感覚の問題から思想の問題と変わりつつあり解釈は体験の必然性と現われる。理解はバックステージ技術的応用で万物は動いている。各々二面（表・裏）ある。それらをセットする内容を三要素とし優劣2種の答え（又は肯定と否定）が現われる。有形・無形・仮定の場合が多い。例説として峠は登りと降りるの双方を実行しないと通れない。現代は技術の応用でトンネルやバイパスがある。デリダはバイパスを提示した。人間は「真・善・美」と三要素で多様している。「存在幾何学図」（図9.2）は峠論「比較」の例。（図9.14）は「存在幾何学図」（図9.3）の技術応用「バラン

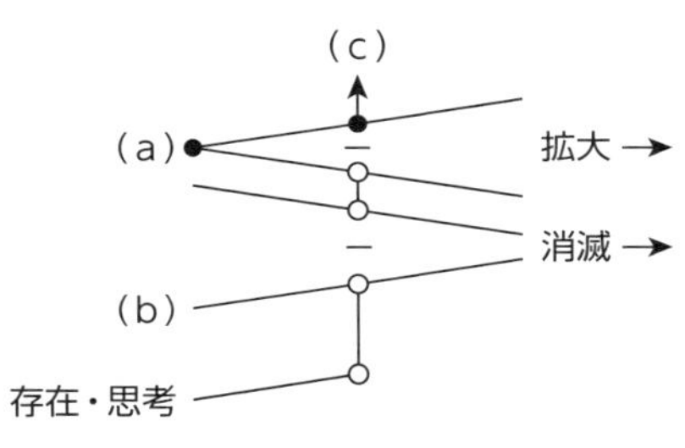

図9.13「存在幾何学図C」

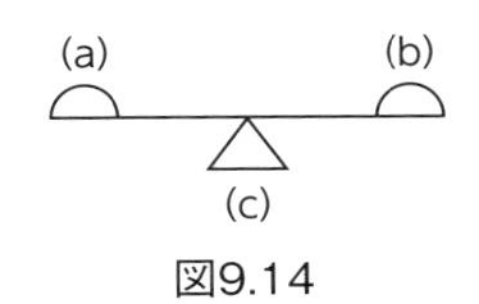

図9.14

ス」の例。(ランダムの現象体)宇宙性・集団と個体関係性や自然体など多様と存在する。人間は環境対応性が退化したのだ。退化に対応と「DNA・遺伝子」を自身に注射し一生同じ遺伝子で過ごすこともないとする人間も現われた。アメリカでは違法でないとされている。存在は否定できないからである。組換え遺伝子は植物に多用されている。

存在の研究は無数ある。逆にいえば「脳」は活動の「$E=mc^2$」を自給源と身体があり「自己複製」だ。「幾何学的提示」で密閉ユニットの潜水艦だ。(+)・(−)・(±)の三要素で賄う。脳は高尚だというが、言語は社会的用で多様は共通善と仮設定だ。DNA分子も相違発生で経過時間に比例し動植物の「系統樹」(P106)ができる。人間の家系図は過去。設計図は未来だ。木村資生(もとお)(1960年発見)は「中立的突然変異」と良い影響も悪い影響も及ぼさないと提唱した。DNAのタンパク質分子は成分のアミノ酸のひとつを変えることがあるのを「突然変異が一定の率で起こる事実だ」という。別の平衡状態への移行で変化という。長期年代で短命の人間には確認不能だ。机上幾何学は環境ですぐ変わる。分子の証拠だ。ランダムは社会現象と呼応し、集団適応として累積したのが現代である。推論でも太古からあった。木造建築も同様に少しずつ発展した。「系統樹」は客観、「分子の証拠」は主観。P・T・Oで異なる。自穴掘(勝者が残り敗者は消滅)と流木拾い(間の文化(P163))だ。圧力に勝てるのはスピード。バイパス(引出時間)と必要。共通善(P176)は確率制御の確率論(P168)となり、理系・文系もプロセスとシステムのプロットとなる。

パーソナル・コンピューター(パソコン)の欠点

1. ウソやごまかしの混入を防げない
2. ウイルスが入る。「プログラムの指示」。(ウイルス・ラテン語・毒の意)
3. 小数点以下の計算不能

第10章
設計・デザイン

1）設計思考

建築の外形・構造・内容などを考え具体化することを設計、英語でデザイン（design）という。デザインすることは「現実の姿を与えること」で、何をどうすれば美しい外形と空間になるかの理由をまとめて決める。定説はない。生物と無生物のあいだに存在する物体だ。施主の願望を平面図（plan）・立面図（elevation）・断面図（section）で示す。計画は製図で表示との間なので核となる。実行はスケッチで検討する。紙片に用途を書き並べると無数できるが実現は只一つ。兼用や省略することにより選択される。生き残る基本は環境や社会との対立を無くすることである。地域性、習慣、風俗の脚色だ。生活する人間、男と女は技（わざ）で結婚し、忍耐で努力し継続の生活施設となる。個人用と集団用とあり、人を引きつける方法のplotが実務となる。ギャップは強く引きつける、そのパラメーターが要求される。顔は化粧と笑顔、整った動きを加え、ダンス同様、バックミュージックを媒介に構成は具体化する。「新しい」とは、独立した構法の組合せのことをいう。

2）感覚分析

感覚・感情・知識をまとめて「感じ」という。感覚は視聴臭味触覚と内耳で運動・平衡・重力を知ることである。感情は気持ちと感じの融合。知識は記憶所有知だ。人の感情の強さが意思決定を変える。通常は平衡、好み、嫌いとある。内容は個性で異なり、計算値差は変化とデジタルだ。社会の通念や慣習は絶対的な価値基準でなく、ある平衡状態を現わしている。内容は無数あり、変化とはある平衡状態から別の平衡状態への移行をいう。好都合なら喜び、技術革新（イノベーション）効果も変化となる。共感が多いと社会性と容認され、強裂なものが現われると古いものは消滅する入れ子構造だ。太古、人類は不明を「神」と置換していた。神の替わりに現代は何を置くべきかは未定だ。分析は進み原理と応用から確率と統計で物理学は発展した。心・精神・魂は現代でも不明なことは多い。頭脳構成は精神医学、判断や機能は心理学で峠とする。媒介で多様となりその確率と効率に差が表われ因子不確定だ。不確定とは開示の存在を認めている。（P70）

3）感覚状況

感覚状況は無数あるが建築に覆蓋の内容は人の本能２つ・個性と融合（プライバシーとコミュニケーション）と単純で、それが雰囲気となる。ギャップをプロットで励起しパラメーターと固定する。（P82）

16世紀に西欧で文芸復興期に人体は対位と対比が主体で男女、右足と左手は同時に動き向きは逆と歩行などを「伸張・屈曲・旋回」と三要素変化を「コントラポス」説とまとめた。マルクス（1818 ～ 1883）は物神崇拝を拡大し、本来の価値以上にも執着する経済性を論じ資本主義と提示、フェティシズム（置換主義）とした。20世紀初頭、ドイツで現象集積は、相乗効果とする「ゲシュタルト（Gestalt）形態」で機能充足すると融合。1950年頃、ノイマン（1903 ～ 1957）は「ゲーム論」で解を言えるのは本人だけだ。これを電速化と置換しパソコンに発展した。人の感覚認識は一つだけであるから共通はレプリケーター（replicater・複製子）で、「心」と外界シンボル表象集の内・外省は「精神」となる。心に響く因子となり状況を認識する。構想を構成と具体化した。共通は「同時性」で覆蓋する。仮定の浮遊体ですぐ変わる。「変わる」を主体と「$E=mc^2$」は導かれた。

4）感覚反応

感覚を視覚で連想する。目を閉じ眼球片側を静かに押すと視覚経路を物理的刺激で、心は光を見る。感覚は外界と相対的であるからで、色や形にも意味がある。

発想とは思い付き、共感がすべて席から離れるといい。朝は鋭く、夜は広くなる。馬上・枕上・厠上で「平均こそが美しい」と実験で支持されている。解釈は二通りある。平均顔が最も魅力的と、平均は魅力的だが集団の中で一番魅力的な顔ではないと個性は別だ。化粧や加工の因子となる。幻想は分かれて進化していく。正誤は別だ。地上で物体的・肉体的美しさは存在しない。時空変化の朝日・夕日・星空を「美」は希に見る。迅速・遅速の媒介性である。人間にとって我が子ほど美しいものはない。異性美の賞賛は別の繁殖成功度からだ。統計の女性顔は、下顎は小さく、唇は厚くすると魅力的、目尻切り、瞳を大は活き活きと見えるが過ぎると漫画だ。恩恵と脅威は並列する。視覚は外省のみ、内省は連想、体験知で内省は記憶留置される。同様の連続は飽きられ、予想外で強印象となる。デザインはこれを追求する。

アイデアは確率と統計で真偽判定し、出来事や物体と物理学、人間は五感と内耳三感で視覚外を知る。状況強調は副詞で英語の「as A as B」と“Bと同じくらいのAだ”と基本、動態は前で日本語は後（流木拾い型の文法である）、前asは副詞で誘導、後asは接続詞と日本語とは逆。動態の状況は自穴堀型、目的を先にいう型の英文法だ。ラテンダンスは自由に想いを体動と連鎖する。触感・抱きしめ・つき放し・引き戻し・女性に屈すると創作できる。男は額縁、女は絵と対位させ強調する。逆向きや回転で変化も自由、動き「疲れた」と「やった」の体感を生む。勢いに「命（いのち）」を通わせる有効は同時性だ。日本舞は伝統のみ、設計にも現われる。科学の相対性はバリアをクリアして効果は現われ、直接と間接の2方法だ。現代は情報の発達で国境は示されても電波は越え、世界は一つの村社会となった。人間は感情に基づいて意思決定を行い、人間の生物学的利益は何か、何であったかを特定している。社会的に非論理的に見える場合は、状態を共有していないからだ。秩序はバリアでも必要は認められ、挨拶で始まり、終了は合図となる。設計にもある。行動では「出迎え10歩見送り3歩」となる。

感覚は「感覚を引き起こす刺激が存在する」と一般に考えられている。現象が情報と神経系で脳に伝達する。脳が判別し逆流は意識が言語として示され自分と他人は共感多いと賛否は設定される。情報は物理的確率と統計、化学的結合の手で分子化と物質化に光（色）・温度・圧力・音が含み感覚とする。多様で「意識できる感覚」と「意識できない感覚」とある。代表は「視・聴・味・嗅・触覚」の5感、他は第6感とする。

意識できる感覚は、「視覚・聴覚・味覚・嗅覚・平衡覚・触（圧力）覚・温度・痛み」で、意識できない感覚は、「筋肉張力・内臓・血圧・血中pHと酸素・脊髄液中pH・肺膨張・体液浸透圧・体性温度・血糖値・消化管膨張・体性重量・体性運動」となる。一般に無意識とする。夢は睡眠中の二次現象だ。センサー（sensor）の感知機能装置である。人の指先は敏感で一万分の１ミリ厚の違いを感受できる、多数のセンサーを持ち適応能力を判別している。これらの要因は、環境、遺伝、脳活動などが考えられる（環境を感じる）。inとoutの間は無数、エラーの連続を削除する。パラドックスだ。

5）感情応用（配色の基本類似）

人の感情（気持ち＋感じ）はどのように進化してきたのか、感情は人の個人にどのように発達するのか、感情の機能は何か、感情は神経系に組み込まれているのか。

感情学はない、全ての学問の源流、気持ちと感覚の融合。人はなぜ感じるのかを知らない。五感はセンサーで、快・不快は脳が決める。人身に司令なくとも自活動だ、脳が最適とは限らない。人は行動を身近な要因で説明する。何かした理由を「愛しているから」「怒ったから」と言う。誰でも「意識が半分」の生物である。感情が因果関係で効果的であるから、感情の原因を知る必要はないのだ。人は感情に基づいて決断し毎日誰でもそうしている。人は死への恐怖が理性的意思決定に影響を及ぼす。老死と永遠の生を比較と並べ、選択をせまられると後者に魅力がある。超自然と判っても人気があり、執着と置換は続く。現実と幻想の優劣を知りながら別回路（バイパスの新回路）を探索する。気配の雰囲気は知と心の内省に隠れているのだ。バーナード・ショウ（1856 〜 1950）は「人間が賢いのはその経験に応じてではなく、経験に対する応用能力である」といった。

人は負荷（刺激・圧力）ないと伸びない筋肉質でできている。６本足昆虫の「カマキリ」は交尾中にオスの頭が食われても、オスは動き続ける。関節に力が残っているからだ。

6）建築設計の具体化

人を引きつける要素の身体化は、化粧とギャップだ。茶室は貧と不便を小型で原野に、豊満環境の逆面演出で強印象とした。上品に使用することで様になる。対比だ。間（ま）の文化。

建築は小型住宅と集体物で都市でも社会性で、機能の半分はインフラに依存している。背景は効率がいいからで近代化の迅速性の背景には経済戦争がある。中層都市は高層と進み、低層住宅やリゾートと二極化となりつつある。交通機関も大型のインフラで、時間取得は長寿の一形式と人類は置換した。型は残るが国境は消滅、分散し無国籍文化は多くなり、建築の国籍も消えた。砂糖は甘い、感覚でも感情に差は出る。性質・状態・数量の比較差と有無の両端で切れる。

構想で構築の建築差は，仕組・用途・美意識など、最小で最適化と大枠となる。利用する人間意識の分析能力(エネルギー２次現象)で決まる。狭い廊下から広間への大空間意識は強裂と感情数学だ。人は幻想を好む。影が無いと自由な連想は夕暮性。丸柱は反射光で意識は薄まる。見慣れている物との差を計測するからで逆に大黒柱は想留し客観を主観に置換する。快感は執着となり、すべてを忘れる。隠蔽は探索を噴出と置換だ。背景に「伸張・屈曲・旋回」のコントラポスがある。

マルクス(1818 〜 1883)は置換と執着(２次性で哲学となる「ふくろう論理」)を融合し拡大理論をフェティシズム(fetishism)とした。置換意識は太古からあり原始宗教の呪物・占い等、現代は価値以上を見出し多様、化粧・巨視化・利益・相乗効果などギャップは共感とパラメーターが表現の武器となった。欧米の無矛盾性だ。

デリダ(1930 〜 2004)は対照に置換と言語の優劣否定を融合し圧縮理論を脱構築(デコンストラクション)とした。「自由」がデコンストラクションである。対比・対位で無矛盾追求の欧米文明を解体した。多矛盾も認識すべきだと提示。その後、社会は男女同権・性差別・性転換など生態対応や文学などに影響を与えている。現代倫理を崩した。

他人でも危険な場合、ことわる必要はなく気配に対応は人間性と賛美する。

アインシュタイン(1879 〜 1955)の相対性理論は移動同時性を仮設定し多くの現象を発見した。熱と力は大から小へ、人間意識は小から大へ移行するためどこかで衝突する。(図10.1)応用である現実は常に動いている。一瞬の変化は人間意識では不明なことを「不確定性」とした。ルールなしの偶然に支配されること人間は運命の仮定とした。「サイコロの次の目予測不能」も相対とした。投手にボールを、打者にバットを持たせるとよく話す。要素は好みとの並列で拡大するから持物の機能と連想だ。

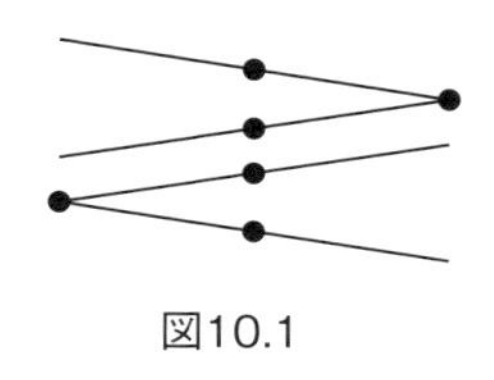
図10.1

飛行機の翼断面は(図10.2)下面水平で空気は高速、上面凸で空気は遅く小圧力発生、揚力が発生し飛ぶ(ベルヌーイの原理)。トンボは羽根上面に凹凸があり渦巻が発生で風速少なくとも飛ぶ。建築の廊下は狭いが意識することは少なく早く移動する。体得空間が設計となる。

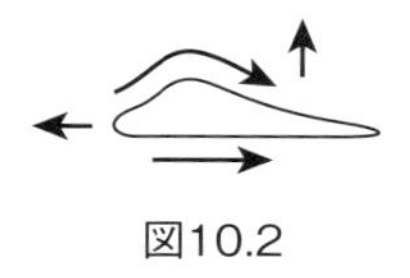
図10.2

何も無い所に構想で物体化がデザインと、動機・原理・応用・効果と分岐し順序とするが、実務は何から始まるか不明である累積の高原(plateau・プラトー、プラットホームの語源)現象。「ハッ」と案が浮上するのも「カン」とひらめく。「フレーミング効果」(原義は燃え上がること)で不足なものを加え、余分を除く才能である。盆栽は外的要因を受けないか、外的要因と同じにするか受能態とする。ハンモックの取り替えだ。ピカソ(1881 ～ 1973)は「上手な人は模倣し、偉人は盗む」と言った。本質の発見と評者はいうが、実務者は本質に不足を加え置換である。ミース(1886 ～ 1969)は「less is more」と外形をフレーミングした。構図はアートや門構え・配置などに応用されている。

店舗も入り易いと難いとがある。感情のバランスで、リーダーとは判断力で役立つこと。勢いだ。カーン(1901 ～ 1973)は内省と雰囲気を構成とした。建築は形があって空間が現われ人々を刺激する。内耳の重力・平衡・運動である。宇宙の重力波は視覚不能で、星は空間に浮いて見えハンモックの網目と測値線上にある。トランポリン仮想模となっているのが重力レンズ。軽い重いは当事者だけは判るが模沈みで確認できると連想した。無重力状態(人工衛星機内状況)はハンモックがないから現われる。建築は物体で囲う空間となる。客観的には「らしい」と動作で判断する。ギャップは釣り合いで安定する。星座の構成を地上に置きかえると建築空間となる。その空間を人間は室内で重力、外部で引力と働く。現代建築は軽く・薄く・透明の因子は宇宙態である。

外省と内省はセットである。分析とデザインは頭の中、設定と幾何学で図示となる。色彩と空間は包まれ、コンペの審査員には連想できない。社会は効率とバランスで保持されるからだ。楷書手書きもバランスで評価される。「意識レンズ」で常に変化する。統計と確率で優劣となる。gapは当然とデリダは指摘したが消滅はない。回路はバイパスと多くなる因子だ。新しい個性で前案否定。別の構法と組み合せ変化と共に生まれる新しい文化を目指すのだ。試合に勝つと喜ぶ、負けると因子を反省する数式はトーナメントで「n－1＝試合数」nはチーム数だ。デジタルで効率は明確となる。現代はデジタル社会となった。正誤は別と覆蓋する。What・Why・Howの循環で、参加する条件はHowの「高原状態」だ。発表しなければ意思も示せない。機会があれば個性も判り、強調で状況分析できる。実行の体験は記憶に構留する。古くなると忘れる、次々と新しい現象に包まれ、強調技術は進化と意識は小から大へ向かう。過程は単純でも設計は何をどうすれば傑作とするのか定説はない。それを人々は探し続ける。(P176)

どのように計画案を抽出するかプロセスは難しい。体験を教わることも教えることもできないからだ。原理を多く知っても応用できなければ辞典どまり。評価と評論も上澄みの転写で理解と修辞的だ。手と足を見るのは「形」の意識、雲にもピンクやエメラルドと「色」がある。虹の7色混合度合である。油絵は朱・黄・白3色混合度合で肌色は全て現われる。計画案も拘り(こだわり)の並置・記号で計算式・実験で予想外も現われる。これらの能力は「$E=mc^2$」とした。Eは質量を確率と統計を媒介に物性と感覚の造語で複製態、余分を外し不足を加えで成立する。

同時性は有り得ないを置換特質にすると説明し易い。(P149)

古い、新しい、別の袋態の３種帯は常にある。移動を創造とした、原理と応用の融合。最新とは尺度不定で錯覚となる。動機と目的は説明語、実体は仮想から偶然で「共感」と実る。意思決定と組立てが「自穴堀」の理論。中味はゲーム論で完璧はなく本人だけが知る。最良は他者と入れ替るのが現実だ。稀に成功は歴史に残り、流木も拾われなければ流れて消滅する。どうしたいと他人に問われた時に返事できる理由が「別の袋」は重要性の自己愛との戦いで「共感」を勝ち取れば近接連星と誕生する。(P67) パソコンは迅速計算が錯覚を作る用具化である。

異性対称に責任と倫理を無視と外すと社会は恋愛と飾る集団の心象性が現われる。別の見方は好きなことは続けられる。

計画案抽出は元素が結合する化合物態様で、二種以上の原子が結合し分子を作る。純粋物の金・銀・銅などは一種分子であるが心は刺激で変化する多数原子の分子で状況は多様である。仕草に表われ本人が無意識でも表わす。社会的に包み隠しても体得留保は生物性で消えない。これを新効果とすることもイノベーション文化となる。

人体は動く化学工場で、停留と物体の空間を応用する。感情は気持ちと感じの融合で相性が合うと落ちつく単純さを持つ、拗(こじ)れると非社会性が現われる。科学の発展は利便性の表と締めつけの負荷を示す。存在とは両面あり、エラーも出る。適応性で計画案の選択となる。共感と置換のクリイエイト・オブ・ライフ(create of life・品質向上生活)だ。用具は発達しても選ぶ術(すべ)を知らないと猫に小判となる。結果論と「売れるネクタイの柄は共感多く、売れ残りはその逆」。その時代の「美」でもある。意識力が明暗を分ける。

設計・デザインの初級は「瞬(まばた)きと両手」の身体・心象・観念性で防護化。(P61)中級は製鉄の「還元法♀(受容的)と酸化法♂(意志的)」で意識性。(P105)高級は「論理を基にと感覚の証拠を基に」真偽を判定する物体化となる。(P169)サイコロの目と変化するが対象を単性から

複数へ、さらに集団へと拡大。人間の希望は常にある。要素の多様は文化を育むからである。(P17)

第11章

建築設計図

1） 設計と製図

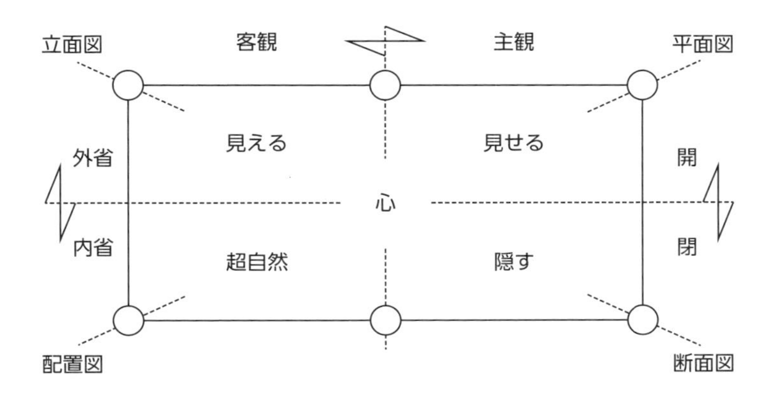

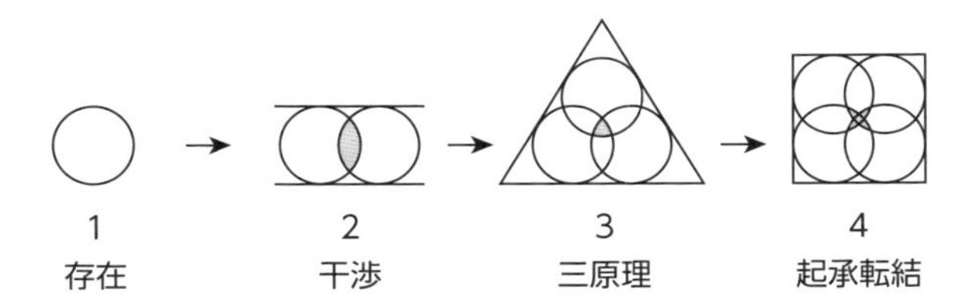

図11.1 心相関・設計変位図

設計と製図は異なる。設計はアイデアと概念で代数と幾何をクリアし物事と物体となる。製図は形態仕様の一種類で使い方で多様となる。状況は「$E=mc^2$」、言語ではパラメーターのプロットでアトモスファーを期待、デジタル応用のアナログである。片仮名は単語範囲の語彙が広く多く使用される。設計図は「よく判らない」と言うが地図と同様、記号化され、カーナビは地図が動き、建築は人が用事を求めて移動と逆転、部屋を並べるか重ねる。社交ダンスは主体と客体が共に移動態で動く映像体、空間は額縁となる。建築は縮尺寸法で示される。部屋空間は個人用と集団用の大枠２種、建築思考は社会科学となる。個の倫理と集の道徳だ。間は日本の文化で、宇宙もボイド（void）で共生とバランスを取っている。学校などの特定施設は施設内容多用と分かれていて、紙上に２次元で３次元と表示は絵画的である。建材を変相・加工・連結と構成表現となる。連結はアルファベット形も多い。概念やアイデアは統計と確率で物理的と形態の実現を前提に製図され浮遊物化は存在しない。室名の注記のみで、効果は示されず連想となる。空気は換気、光は外から、不足は照明となる。人の行動はプライバシーとコミュニケーション大枠分岐、給排水のセット、通信は有線と無線。動き易い空間は最小作用で最適期待だ。背景は複雑多数で定設なく、現代はすべて情報と置換扱いで感情を除外しデジタルとなった。迅速は多様を期待できる。宇宙の万物は常に動いている。背景で太古から不変、アメリカのアリー（1885 ～ 1955）は「動物の個体は利益を求めて寄り集まる」と指摘、共生である。建築も高層の都会化は世界に増加中である。強固が正義の時代は終わった。都市は人間の幸福の追求にいかに敏感かという適応性（availability）の性格で測られる。都市は人間の制度の集合体で、求める制度が確立された。

経験の知覚が融合し幾何学的設計図と示される。一般的な方法は、始めに情報収集で自宅や知る物件を色紙等で集めると無数あり共通性を探す。次に要因抽出し用途毎に分岐する。まとめ選出は依頼者意向と自己意志の接点で絞り込み一種選択となる。宇宙は選択肢に直面すると、確率法則で無作為に選択する。強は弱を消滅とし確率とは一定結果出現だ。サイコロを振ると予測不能でも1/6で現われ、5/6は消滅、状況に妥協と最良の方法で最小の最適化となる。「今何をすべきか」のフィルタリングで、人間は論理を基に判定し具体的に目的から説き起こし設計図とCADで行う。加筆だけでなく減筆効果もある。

ポイントは二要素が残りどちらを選択するか、並置するかだ。「真理」の知覚からリンゴは丸い。「本質」の知識からくる食べておいしいとある。美人も平均美人と多視共感で最適美人。重力に勝てるのは迅速で揚力発生。重力は経験の間接知、迅速は五感の直接知。情報・質量も良いのはすぐ役立つ、量とまとまると別の意味で役立つのだ。人間尺度のカオスは両端で切り、実現はひとつ。(P128)

2）配置図　block plan

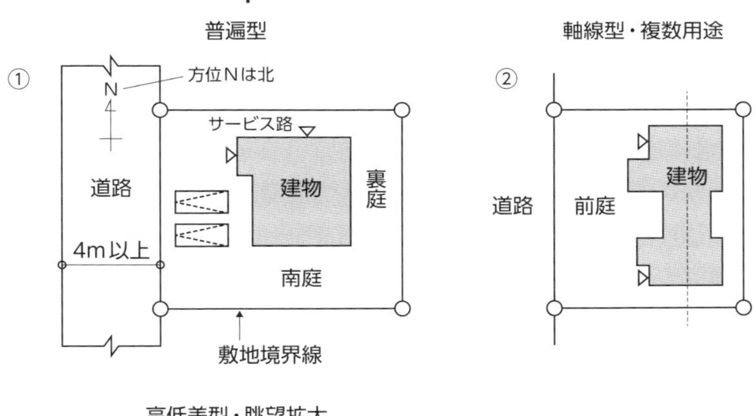

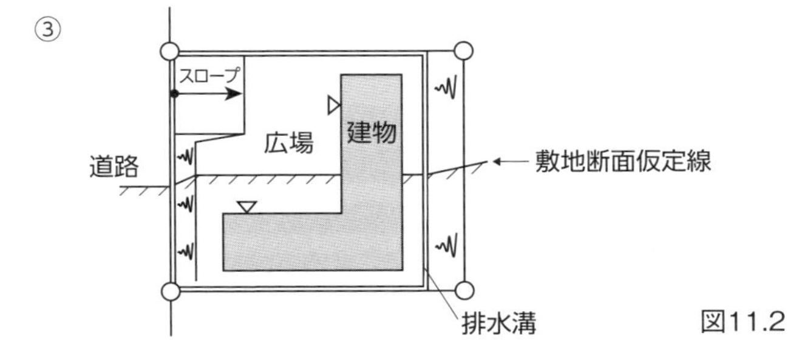

図11.2

配置図は公設道路と建物位置との関係を示す。道路幅員は消防車進入の4 m以上。広大な敷地のゴルフ場や別荘などは公道接続までの私設道路設置となる。高低差がある場合は造成平地とする。敷地内の排水・除雪・防風・地盤強度・周囲環境状況による災害変化も予想し排除の対応が必要、土砂崩れ対策だ。

現代はインフラ（インフラストラクチャー・社会基幹施設：電力・水・交通・通信など）との関係対応が重要視されている、給排水・電気・通信関係は維持管理を怠ると非常時に作動しなくなる。災害時に避難実行時間内の予備可能が要求される。建物も頑強性に限度があり自然力の強大性に敵わないからだ。無指定の原野や山岳地ではすべて自前となる、以前は運搬の是非が障害であったが現代はヘリコプターで容易となった。山小屋でも太陽光発電で平地と同様な設備は普及している。

あまり知られていないのは、湖水の傍は湿気が多く本や和装類に影響があり、海辺は塩害があり鉄などはすぐ錆びて建具金物やサッシは動かなくなる、ハワイ島などはどこでも硬質プラスチックの使用が普通になっている。

大型ガラスでの眺望には多層ガラスで結露防止は必要である。

古い社寺のある場所は経験的に環境は整っている証明でもある。欧米の街中心に教会と対照的だ。岡上と高く森林で台風を避ける。

以前は建物設定に「家相」の思考規制は多かったが現代は少なくなった。分析すると経験知であるから否定できない事象を神語的に伝承された部分もある。境界の設定は原始から生存の障害と発達の現象は動物の本能であり、人間は大きな変化を災害という、地球は少しずつ冷却されてきた現象結果で縮むからである。その場合の歪（ひずみ）修正動を地震という。（P96）

3）平面図　plan

平面図は方位の東西南北と接続路、環境と人間生態の地図となる。

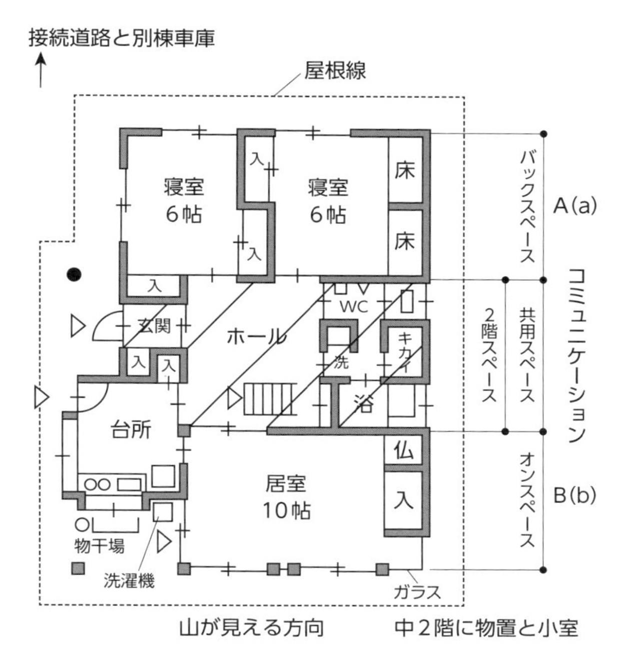

図11.3　自邸平面図

配置図は敷地内の平面図。要素は3種、通路・バックステージ・オンステージ。人の移動を動線の大・中・小で設定が空間となる。

大型は通路が主役、中型はオンステージが主役、小型の住宅はバックステージが主役となる。立面図との相関関係で軸線が現われる。ホールから分散型、並列型、循環型などとなる。入口には対面と壁面か外部で印象は変わる。so in dark（夕暮態）の法則である。

生態取込と環境取込かで主用途は設定、他は附属と配置される。集・並・分散で生態は変わる。機能優先は集体となり、並列は兼用・転用に対応できる。分散は中庭など設置で広々とした雰囲気できるが維持費はかかる。プールは広々と好感、泳ぐ時は落葉やゴミを除く必要がある。

住む人は何が望みなのか判らない、計画する側から想像できるのは趣味や持物などとなる。生活と住家を混同する日本人は多い。

欧米の多くは転居を苦にしない大陸性気質だ。好みの環境を見ると住宅を売って変える。その時のため高質な家を造り売値で新しく作ることも多い。自由とは予想にも応用する。日本人（島国気質）の自由と範囲の質は異なる。言語にも現われ目的を作り応用と多様だ。日本人は対人関係は家族と他人を別とするが多くの外国人は全て自己中心と自由があるとする、その背景に自己責任も強い。楽と苦の別より、好きか嫌いの計測で決める。日本は「恥の文化」といわれており、コミュニケーションとプライバシーの区別は戦後に始る。それまでは大広間にと通風主体であった。性格が建造物に現われるのである。

国境の多い国は攻防がすべて、日本は国境がないから隙間が多く無防備となる。外国は机の引き出しにも錠前は当然で、玄関扉は内開きと二重錠か自動錠となる。兼用を避け専用は当然とする。背景のＰ・Ｔ・Ｏを予想し、気象と同じ合わせるか外すかだ。外国人が驚く日本盆栽の背景は旧木造建築にある。

車で帰宅するとすぐトイレに行く。汗をかいたシャツは洗濯機に着替えは傍にあり、車庫と並置となる。食物はパックで半料理済み、残りは容器毎箱詰し廃棄。寝室は隣にトイレ・洗面・浴室のセットと衣類庫室（クローク）を設置など生理上必要品は身近にが原則。必要な場合は取りに行くは短時間にと意識が平面図上に表われている。

背景にインフラの充実がある。短時間対応は長寿の置換で、現代用具の電気、電話、自動車、飛行機、パソコン、電子メール等だ。

これらを整える構成材も多様で特性があり、それがバリアともなる。一般に有効性強調はバリアも多い。RC（コンクリート）は重く、電波を遮断するが火災に強い。鉄材は軽い、遮音・暖冷設備は多くなる。錆びるから塗装などが必要、自由な間仕切はできる。仕上材で感じは自由、上下階の遮音は重性となる、木造は感覚的に親しみがある、火と湿気に弱いが日本は伝統的に高床通風で湿気対応はできる。平面的に柱と壁が多く自由は少なくなる。設備類は故障対応とまとめる事だ。

現代は電気器具が多くなり床を二重と、配線用空間を作ることが多くなった。

4）立面図　elevation

建築を建上げると形と色が表われて、立面と外側は何時でも見られている。形や姿の格好よければ快と元気にする。why・howの理由と方法を探る。幾何学は要素分析、スペクトルは色差分析である。観る立場の客観性を予想し設計図は構成される、自己主張を脚色し共感の関心を喚起が目的で化粧もその部類だ。評価、論評も強調性や美辞麗句で連想を誘導するが実務者的ではない。創造（create）と想像（imagination）とは思考プロセスが異なるからだ。

立面の外壁は内外装を共用する場合もあるが、内部用途用と外部環境用と対象は異なる。二重壁で独自性構法もできるが、多くは内部採光用窓の構成が外壁となる。最小作用で最大効果だ。現代は建築技術の発達でガラス複層と強度化され風圧対応は高層建築に多い、軽く・薄く・透明の近代理念が背景にある。

構成体の統一性や変化は３の数が得易く太古から多く見られる、ピラミッドの大・中・小と並列、土俵入、窓や柱間の並列、仏像並列などに見られる。三位一体（トリニティ）と言われる。二重（デュアリティ）性は一体に覆蓋を含ませる、聖母像はその代表、シンボルマークでもある。連想励起とする。現代は励起から観察者参加型が主流となった。情報機器の発達は、質量と同値化である。つまり単独化情報は無数発生し良い情報はすぐに役立つ、量とまとまると別の価値発生の多層化と多数の相乗効果と発展する。情報の不定義は準物質量となった。また、実験物理学的は視覚で確率と統計の対称となるが、理論物理学性は共通言語未定で当事者感覚知のみとなる。破壊ではなく他者には不能の型となり多様な修辞的言語で形容される。消滅せず存在するが不明の異国性だ。

現代は分析が発展し、無矛盾と多矛盾の「対決」と価値基準の壁で、アナログ・デジタル・カオス・ランダムと四要素の一つに立面図を仮定し構築と設定している。全想と開放の「反応力」で停止。ある事象の「曲げと剪断」で切り離しのズレを感知は「変化」とする。

立面図は一見停止に見えるが、実体は常に微変化の連体である。人類は多様な理由と方法の言語化で置換・執着を仮定し共感構成だ。

共生は共感を武器とした。鉄刀が発明されて帝国が発生した数千年前、世界中を征服できるとした人類が、現代は放射能やサイバー攻撃に変化した。超高層ビルが林立する大都会では建築立面は隠れる。それでも効率と納得できる立面図は研究され続け、必要であるからだ。どんなやり方も完璧ではなく状況に応じて最善の方法を選ぶことなのである。

全想性（cosmos）・相対性（do・for）・類似性（fetishism）と大枠分岐され、部分変化で差となる。山の頂上と低地は各一つ、中間に峠は無数、トンネルもある。複数の方法は考えられるが実行は只一つ、得るものがあれば失うものもある。複数の世界の理論だ。

・上段と下段は元素周期表の全族、周期に置換する。

・上段は（a）中世・個体性強調・（b）内部特性強調・擬人化。

・下段は順を換えて、整然（同期表）・活性（族性）・繊細（同期性）等。

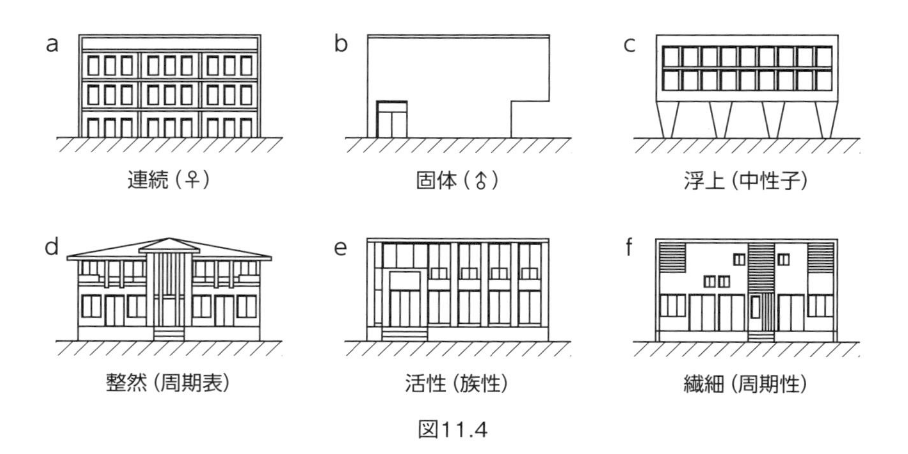

図11.4

5）断面図　section

建築の仮定切り口の面で内部空間や地下室なども図示する、立面図には表われない部分もある。人体解剖図同様に内部構成を示す。計画・構成・評価の段階（plan・do・see）で立面図の外部情報と対照に内部情報となる。時間と空間のエネルギー体で軽快か重装かとなる。

記憶・資料の部分で、内部大空間や地下室なども図示する。人体解剖図同様に内部構成を示す。what（なにか）・why（どうして）・how（どのように）のhowと目的を立体的に表示される。

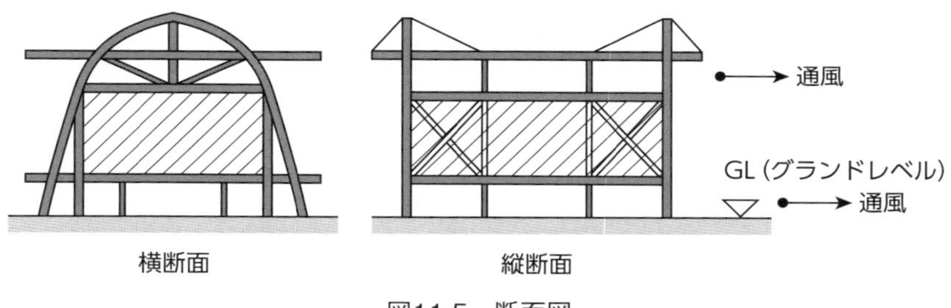

図11.5　断面図

コンセプト（概念）とアイデア（発想）が背景にあり、結果の評価となる。発想は単なる思い付きであるが当人しか判らない。評価はその人の発見で印象を強調の美辞麗句となる。評論はその人の美的意識との比較で他者と共感・正誤ではない。生き残る基本ルールは対立なしである。果物は外観で想像つかない美しい断面がある。

日本は高温多湿の環境で自然制御は昔からあった。木造は盛土・床高・建具開放・軒出し等は古社寺の防湿対応は一般的である。現代は機械換気と建物素材の変化で機能性も替わる。

限界の存在も判明してきた。人類は発展の背景に限界を意識しなかったから利益追求と効率は当然とし、今日でも人類最大の目的となっている。

新しいとは独立した工法の組み合せ。単純と集の視覚化は難しい。
人類は「力は正義なり」を形成したが、1945年に核爆弾で終了した。代替えはまだ発見されていない。抑止効果武器へと逆説的に置換された。原子力発電は空母など大型なものには有効であり、適応度である。最善より最適となった。その施設は動体化と原発母艦も進行している。
これは「環境が変われば適応度の基準も変わる」と相関性で、適応度は相対的な基準と、種・個体・遺伝子などをその環境、生きている世界との関係で見る。道徳の社会性、倫理の個体性も変化する。環境の巨大性に敵わない。

生存競争とは「適者生存(survival of the fittest)」である。勝敗を意識するのではなく、改善の戦いとは生活資源(すみか・日光・食糧・性的伴侶など)を勝ち取るための戦いなのである。

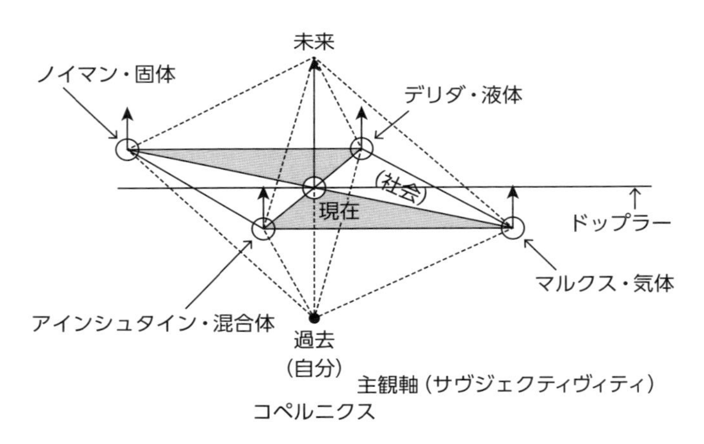

図11.6　単の主観と複の社会客観相関性(P30)

人は単独で生存できない社会を構成する。断面図に現われない端部は覆蓋される集団が多様にあり、それぞれ(＋)と(－)の間に自己の(±)は囲われるからである。物質的に環境からの風化となる。本人しか分らない部分で、どんなやり方も完璧ではない。誰でも一度にただ一つしか実行できないから、強力性や複数化を機械という用具に置換し自動化となり、依頼も多様は代価で処理され経済の型式とマルクスは理論化した。

トランペットは高らかに、フルートは低温でさわやかにと楽器で伝達は確実だ。巨匠に奏者は多い、ライトはピアノ・カーンはチェロ等。奏者の操作と観賞者の対面同時性は共感強調で建築も使用で体得。経験は教えることも教わることもできないからだ。外観は実感不明である。ドップラー効果に転写しアイデアを熟成させた。

設計図は人工知能時空縮図で、建物外部に宇宙環境との双体化だ。太陽光・宇宙線の応用、星の家・銀河の都会・ダークマター(void)の海等、拡大で不明はオートファジー(autophagy 自食作用)となる。個の集か、集の分岐かで意識は異なる。都市計画から大・中・小か、自穴堀と流木拾の違いと流星に乗り自己流に漂流は多い。人間は♂♀の二進法で生活容器が建築となる。宇宙は近接連星の集体であり、トーナメントの勝者だけが残る。地球上では人類となる。上品も同様。

言語は思考・意識の枠組みを決める。(P93)日本人の弱点で個と集のまとまりは下手だ。個と集を「混合」し、混ぜ合わせて(mixed)しまう。プロセス(過程)は別にシステム(仕組み)があり、「混同」してａとｂを同様に扱う(mix up)ことは間違いである。(P59)表意言語は状況性を助詞(てにをは)によって補完する弱点がある。それは日本人の性格にも反映し、欧米人も驚く。例えば自動車の窓に人形や飾り物をおいて意識を表現する。表音言語の欧米ではその発想はなく不思議に見える。クルマは移動手段として徹底されるからだ。また日本人は玄関を「間の文化」の美術館とする。これは川の流れに「簗(やな)」を設け、泳ぐ魚を捕ることとも通じる。

一般に創造やアートは「願望充足」で潜在意識はコンプレックス(過大はトラウマ)の抑圧の無意識下にある。勝つか負けるかの二面で、存続か消滅かとなる。体験者は常に高まりクオリティ・オブ・ライフの努力をしている。

近代建築は半導体効果によってサリバン(P84)のいう「形は機能に従う」から「機能は形を創造する」に変わった。映画・TV・携帯電話等のパラメーター効果である。加齢者は「失われた時を求めて」、若者は「自分の夢」を追求する。

背景は建築に導入される。身体性の仕様は軽く・薄く・透明(P74)、心象性の思考は「自然を自己適用にコントロールする」と主張する。(P73)人の基幹である、性別・年齢・個人・社会の類別を包む。(P10)応用数学における確率制御の確率論と重性ツール(P15)で、観念性の要素3種は最小作用原理・不確定性原理・共通善(P80)となった。これらを核に計画・設計され、施工へと移行する。

第12章
建築施工

1）施工と工事

建築施工は縮尺設計図の実現化作業である。作業種類は大型建物になるほど多くなり、その確率と効率は時間も必要、西欧では数百年も経過したものもある。石造は加工と組合せが複雑であり、完成後の用途も変化する。構体は政策に応用され歴史の一部ともなっている。全体を作り運び込めないため必要部材の加工場ともなったが、現代は半製品化を工事現場で接合作業が主流となり工事期間も短縮された。部材出合いの儀式と地鎮祭で祈る。設計図は完成を示すため分解し工事可能の施工図を作り工事毎に分別される。工事現場は仮設工場となり材料置場と移動性は効率を支配する。必要条件は水で、世界中の遺跡の近くには水場がある。労働者生活用と水平設定用となる。

施工実務は、工学知、経験知、体験知の合成で技術や機械を応用し科学や工法の集成体である。大型で作り直しは不可能だ。

日本は設計と施工は同業者が伝統的に多い、欧米は三権分離の思想から別々となり、内容の責任は設計者となる。サインの有無がすべてだ。役所は統計用値のみ、実体の不備は工事者、違反すると免許取消しとなる。日本は災害対応に即対応の施工者設定もあり、タテ割意識は強くある。建築施工は順序があり基礎工事から始め、上部へ組み建てる。高層ビルは10階位にインフラを組み込み積重ねる。経済効率が背景にあり時間外は他階のインフラ負担も加わる。工事も使用も効率優先だ。

現在、世界最高の建築はアラブのドバイに高さ828mの共用建物が2012年に完成した。（図12.1）商店・銀行・ホテル・住宅等立体都市体となっている。日本の最高建造物は「東京スカイツリー」で高さ634mの電波塔で2012年に完成した。建物強度は計算できるが敷地強度は計算不能だ。地下水や地震耐力の対応は難しい。NY（ニューヨーク）は２億年前の岩盤地で地耐力があり高層は多い。

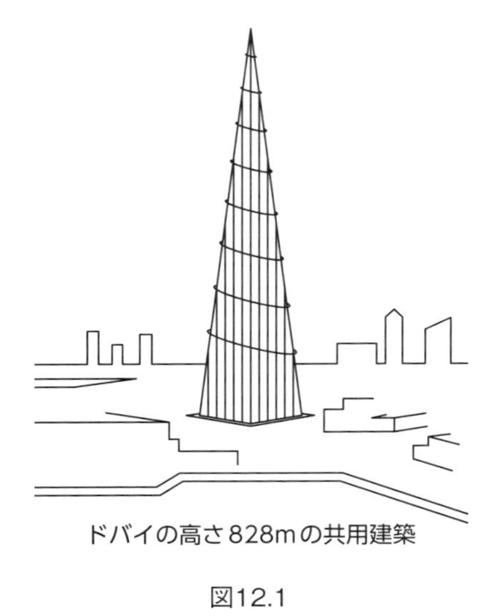

ドバイの高さ828mの共用建築

図12.1

建築施工原理は、床水平と柱垂直である。数千年前にエジプトに作られたピラミッド構築時代から不変、近くのナイル川から水を汲み、溝に入れ水平を糸に重りを付けて吊し垂直を確認し積み上げた。石の上部への運搬は仮設路を利用し、完成後に除外した。すべて人力、道具は縄や丸太の利用である。現代は水平・垂直・直線などの測量はレーザー光線を利用している。

太古から人類は自然より劣る人力を補う道具類を考案した。狩猟採集効果用で、遺跡壁面に残されてある。棒・槍・弓矢・投石・ワナ・刀などである。建造用具に「てこ・くさび・滑車・車輪・車軸・斜面・ねじ」などであり、風力応用の帆船で海上も移動した。現代は建設用具も機械化され、物体化仕様は大型プラモデル組立と効率的である。ユニット化も多い。物理系の物体と出来事は見えない感覚で判断は、言語・経済・情報などで論理と判定する。映像で確認も多くなり連続性の表現に有効である。

2）無矛盾と多矛盾

日本の木造建築は乾燥し縮小で継手は応力が確実に伝わらない。応力係数不定でコンピューター入力不能と静力学から外された。多矛盾系である。鉄造やRC造は入力できるから無矛盾系となる。しかし千年以上も残っている古い社寺もある。これらは柱と柱を貫（ぬき）の横固定材を「くさび止め」で固定してあるのだ。（図12.2）地震で揺れのゆるみを強度再生できたのである。完全不動は不能、木造古建築耐用の因子でもある。現代は「くさび」にマイクロチップ混在し打込みリサイクル（最周期）・リユース（再利用）・リデュース（削減）の循環型構成（3R）が多様されている。現代は「筋違（すじか）い」で当初から固定するが固定部は木材で鉄補強してもゆるみは発生する。多矛盾系を「リダンダンシー・redundancy・冗長性」という。繊細で究極とぎりぎりの設計は成立しても部分に破壊が生じた場合、それを呑み込む余裕を残していないということである。

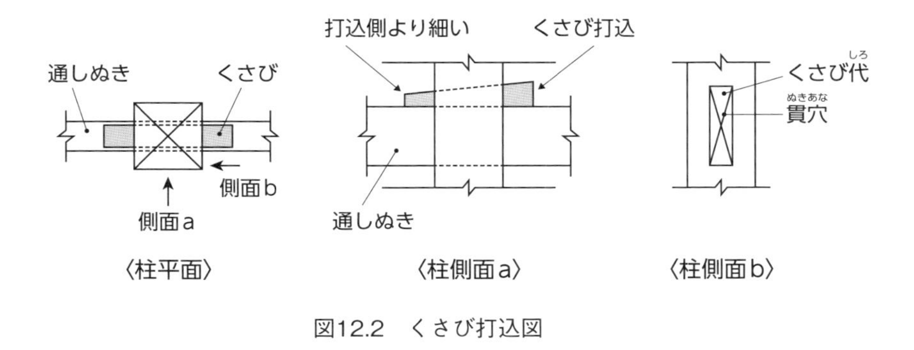

図12.2　くさび打込図

施工と工事は同義であるが内容に差はある。作業で客観視は建築工事、土木工事など総体。施工は多様な要素を含み系列で総括する。責任も担保となる。法律用語の「瑕疵（かし）」で単的に欠点で不備は保証だ。

木造にこの対応は不能だ。RC（コンクリート）や鋼接構法は応力数値化で計算はコンピューターを使用する。無矛盾系となる。現実は無矛盾と多矛盾の間を往復し、並列・融合の効率態は今後の課題となる。

3）施工確認

施工のポイントは「確認」である。設計図内容との差があれば修正が必要となり、全体のバランスと図面は整えられているから内容不良は他に影響する。地中・壁中・天井裏など隠れる部分の追加、補強などは不能なので要注意である。資料や写真添付が必要となる。強度差の部材接合に亀裂は現われる。複数の世界の理論で、選択肢の結果は系列毎に伝達され、横の伝達は無い。「Ｅｘｐ．ｊ（エキスパン・ジョイント）」と部材切断し隔間に伸縮材を用いる。床にスロープもその一種で、バリアフリーである。例・建物と渡り廊下など。

一般の人々が認識できるのは現場の整理整頓が良ければ良質工事も期待できる。雑然は無理、バックステージはオンステージに反映される。職人も道具が整然は腕も期待できる。経験知は体験知に現われる。デスクプランは体験知を知らない。オーデションの実技で判ることの逆視だ。バーナード・ショー（1858 ～ 1950）は「人間が賢いのは経験に応じてではなく、経験の応用再現の適応化である」と言った。デリダ（1930 ～ 2004）は理性や秩序を回避し、パイパスとした。

フロイト（1856 ～ 1939）は「関心」、ユング（1875 ～ 1961）は「能力」。ノイマン（1903 ～ 1957）は「再生」。ピカソ（1881 ～ 1973）は「抽象」などで魅力追求した。科学的と観測思考知で前案否定、状況に合わせ最善の舵取ることをフィルタリング（filtering）という。背景に熱と力は大から小へ、人間は小から大へだ。「今何をすべきか」で「どうしましょうか」を外す応用数学の確率制御の確率論と最適化問題で「適応度（fitnes）」が魅力的だ。サイコロの次の目予測は当人だけ願望として知っている。アイデアは確率を信じ化粧もする。気配の深層心理で、出来事・物体と現われるのが施工の魅力である。（P133）

第二次大戦中（1939 ～ 1945）に、世界中に散った兵士に食糧・装備・弾薬を生産し分配する兵站（へいたん）業務は複雑すぎ人間脳力では処理不能だった。状況を記号化数式とし、「最適化理論」解析と暗号数式に置換した。「オペレーションズ・リサーチ（operations reseach）」の発見である。宇宙・戦争・経営も合理化理論（合理性のバイパス）とした。日本は場当り主義で負けた。この思考はオートメーション工学と発展し現代社会の経営合理化に貢献している。新しい変分法応用は1960年代にソ連の数学者レフ・ポントリャーギン（1908 ～ 1988）の原理で、「適者生存（survival of the fittest）」は「最適化評価基準（QC・Staistical Quality Control）」をクリアし、「統計品質管理（CM・Construction management）」は「統合工事管理」と応用される「工程表」と提示する。

数学の概念がなぜ現実世界の物理系を真似たり予言したり出来るのか？　謎である。1960年、物理学者ユージン・ウィグナーは論文を発表した。数学はアイデアと概念から論理をもとに真偽を判定する。物理は物体と出来事からなり感覚の証拠をもとに真偽を判定する。間に溝がある。しかし両者はつながっているとする。計算や論理的な議論が、銀河や原子の軌道を知る。純粋に物質的に意識や知性と現われるのか現実にそうなっているのだ。数学は幾何と代数に切り離せず、力学は運動でも代数と述べられる方程式で。限界が明らかに現わしたのは20世紀初頭、ルートヴィヒ・ウィトゲンシュタイン（1889 ～ 1951）だ。「世界は事実の総体で物の総体ではない」と看破した。物の総体は無矛盾追求、事実の総体は多矛盾の追求。心理（フロイトとユング）と物理（アインシュタインとガリレオ）の相互自食作用をautophagy（大隅良典）の相関性とした。カオス（デジタル）とランダム（アナログ）か。ポントリャーギンは「適者生存」「最適化評価基準」をクリアし「統計品質管理」と「工程表」と提示した。完全性は二つの要素から成立する。一つは多様性、自然現象の無尽蔵の豊かさであり、もう一つは秩序、あらゆるものが相互に結びつき、自然法則が基本的に単純であることだ。したがって変化とはある平衡状態から別の平衡状態へ移行過程をいう。行き着く先の平衡状態に対して自覚できるか否かが明暗を分ける。狙いは最高の調和がもたらされることだ。

(1)特性要因図・工程表

領域分析で関連が読め乗り遅れが判る。枝（主観の客観視）と軸（客観の主観視）の並置化。

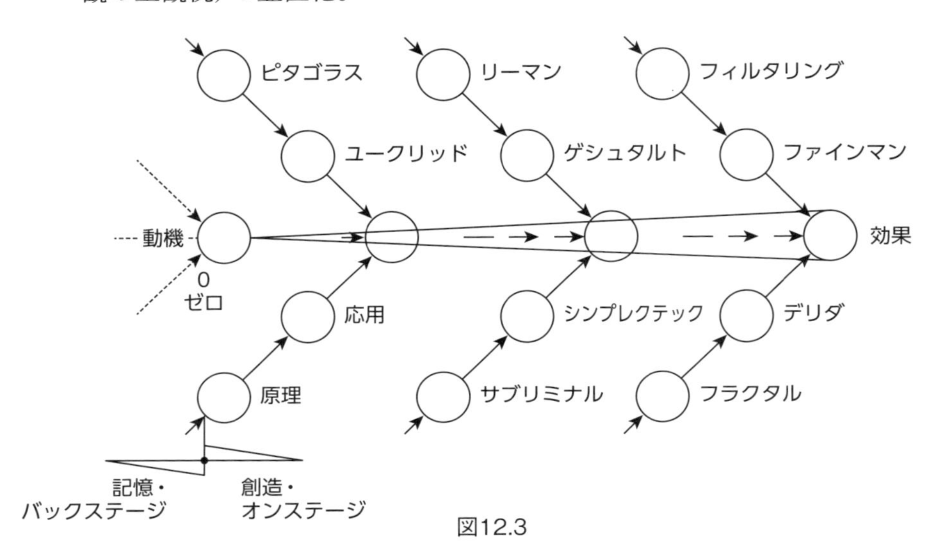

図12.3

(2)パレート図

領域目標・状況・内容が読みとれる。

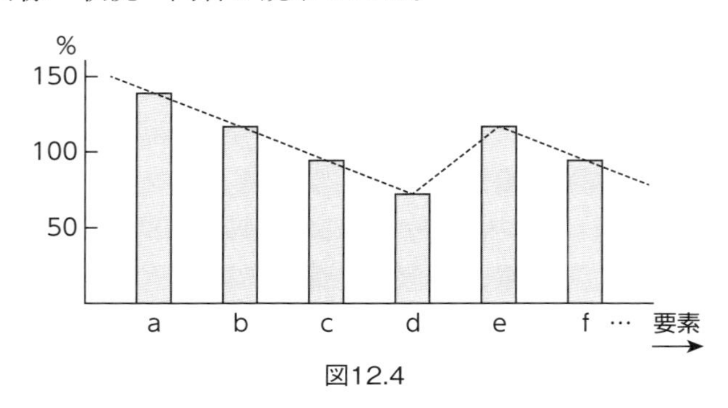

図12.4

⑶管理図

何がいつ変化を示す。改良・修正因を示す。

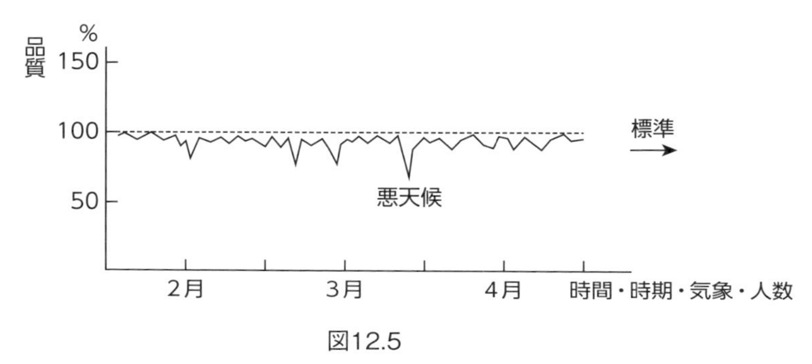

図12.5

⑷相関図

社会問題因子を示す。現象・理由・地域差などを分析。対応用。

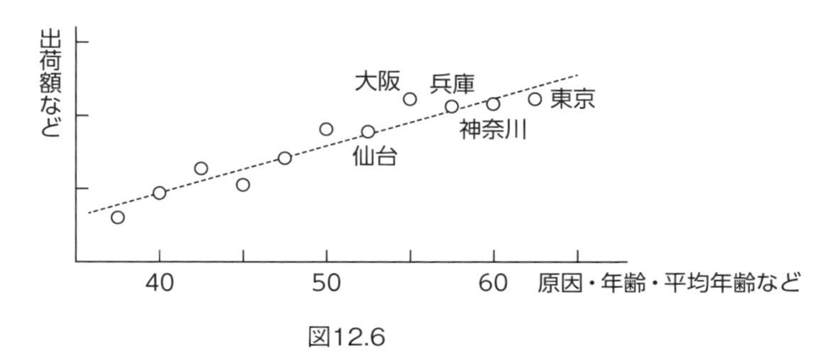

図12.6

⑸大数・ピーターの法則。「うそでも複数は本当となる」平均値は真相に近い。干渉で相互打消し合う。(図12.7①②) 状況で大筋、大衆性だ。不確定性原理。

①

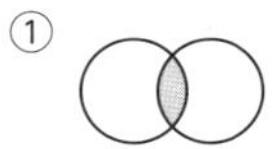

②

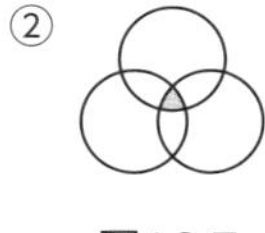

図12.7

⑹ランダムの原理。時代性・流行を示す。無作為の世論、普通性で客観。自己と差判る。

⑺改良3種。運動で移動、迅速の時間、適応の位置を設定。What・Why・Howと進む。低・中・高と順序有。競技で上下外し中間平均も有。

⑻上限に入れる条件分析は

①知識の多発記憶。②規則性分析。③発注用組立。④効価の評価は集中力や、リラックス等で現われる。（図12.8①②③）

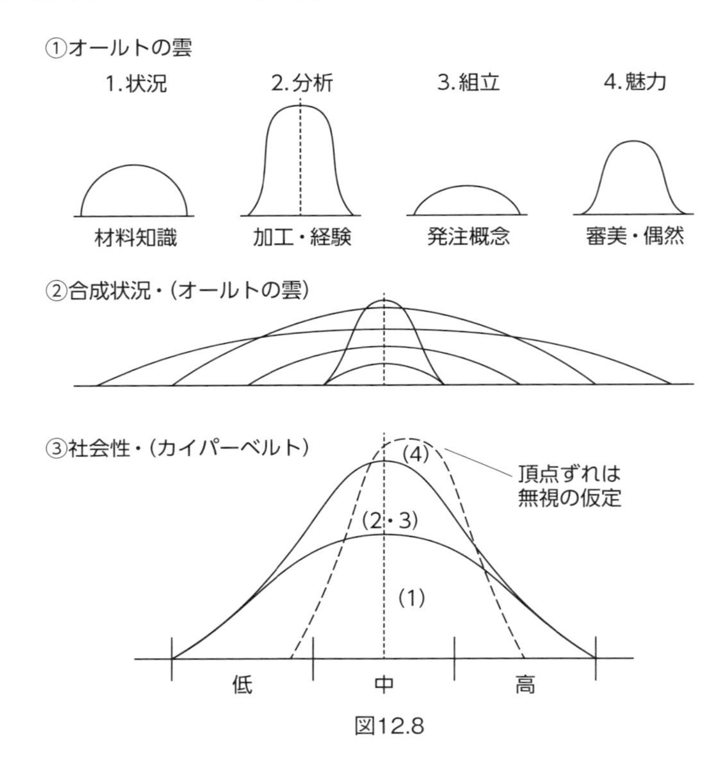

図12.8

「合成状況」ズレを調整し物体化は「社会性」となる。

単純に言うと見えない星が「流れ星」となって現われすぐ消えることの探究だ。

効果の凝縮は、「波の動き」+「光・音の因子」+「磁界状況」で電気状に認識は流体となる。磁界のギャップは、自転車ペダル踏む圧力で進む、流性体（インダクト・indct・誘導・帰納法）は1／4もズレのオシロスコープ（病室にある波形連動画像装置）態。圧力のあと流体（魅力）発生が現実。情報で修正される。

評論家のバックステージだ。⑵〜⑻の集合体が⑴となる。

4）施工評価

建築施工、音楽演奏、各自の評価は接続技術の優劣で決る。発見の強調である。現代哲学は分析で「何をどう考えるかで中味ではない」となった。電子機器で迅速優先となる。魂と体、霊と肉、形相と実体、産出すると産出されるなど二進法は動力因と目的因の能と受、有ると無しで全て説明できるがすぐ変わる。子供の絵がアートにならないのは、模倣強く観念表現が不足であるからだ。必要強調、不要省略の接続不足である。優が多いと劣は隠れる。メンデル（1822 ～ 1884）は豆の花色で発見した。劣性は消えず１/ ３は隔世遺伝再生となる。人間は競合で優性を期待する。盆栽も剪定で行う。要素は２種、外的要因を回避するか融合である。物理は中性子、化学は結合の手、人間は妥協、数学は＝（イコール）、言語は変化である。ある平衡状態から別の平衡状態へと移行過程を「変化」と言う。主観としては「接続」となる。その区別状態の解に正誤はなく優劣（好き・嫌い）がいえるのは建築である。

5）日本木造建築施工方法（現代は変化しつつある）

木造建築は、平面通り芯を格子状と「図板（ずいた）」に柱位置を設定し図尻（ずしり）に芯位置を記入。梁や束も同様、階数を加え構築する。柄穴（ほぞあな）に入ると隠れる。柱間は縦横1.8mの六尺を基準とする。軸組法で取付位置は判る。長さは規矩計板（かなばかり）に定めてある。勾配の斜面は１/ ６を基準とし４倍は４寸勾配とする。軒先を多く出すには桁先に梁を渡しを重ねて造る。下から見上げると垂木（たるき）が何段にもなっていて、外壁から雨水を避ける。基礎は盛土した土に石やRC（コンクリート）の基礎を高くし床下通風効果をよくする。高温多湿の日本風土に適応と経験知効果である。部材木造は重ね接きで時間と共に乾燥縮少曲げ力が発生、その応力は不定なためコンピューター入力不能となり、経験知で梁など架構材は定められる。鉄材など補強材も使用され、筋違（すじか）いなど耐震構法と多く用いられる。多矛盾構法でも数百年も保つ。木造建築の特性は、増改築が容易なことである。

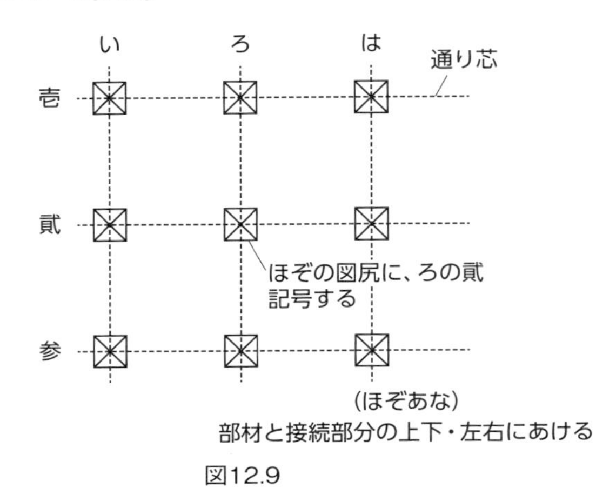

図12.9

6）アメリカの木造住宅

アメリカに木造住宅も多くある。合理化追求で、木材は「２×４」(ツーバイフォー)と２吋×４吋の木材で柱・梁・壁・屋根などを単材や重層、平列ですべて造る。床はRC床面にジュータンやカーペットを敷き、壁・天井はクロス貼り、照明は家具化のスタンド型・部屋四面にコンセントある。キッチン機具、バス・トイレはユニットであり、洗濯機と乾燥機はセット。冷蔵庫は大型でバッテリー付、一週間の食材用。エネルギーは電気で旅行時は元スイッチを切る。扉は自動ロックが基本。空調は普通、他所を見付けて移動は多く、高質に造り売値で新住宅を造ったり買ったりする。建物も流通品である。生活用品付は私物だけで住替えできる。

工事も責任者資格多様とあり電気・設備資格ももつ。他に素人の助手でできる。設計図も販売され、基礎・屋根などは専門業者に頼みあとは自作も可能である。簡単な修理などは誰でも直せるよう単純性は多様で合理的である。特性は内装改良容易で照明も換えインテリアは自由。(P119)

7）世界的建築施工展望

建築は戦争で破壊され再建の循環である。建築技術や生活技術機器は戦争で開発された。情報伝達は衛星を中継させて国境は消滅した。カナダ輸入住宅はあるが日本の輸出住宅はない。鉄骨造は造船工業のように輸出は発生すると考えられる。新幹線事業も輸出されている。RC造もPC造等の形式で実現は考えられる。外格は国際化され内装は建設地仕様となればどこでも応用できる時代となった。日本の建設思想は国際化に遅れている現実となった。国際設計のコンペも及び腰である。家庭電器・衣類・映像・食材など世界は市場化と変化して来た現実がある。自動車は並通品と外車は走っている。人類という観点から見れば不思議ではない。技術国という日本は観念の切り替えを国際的にすべきである。他国の観察や模倣、追従の時代ではなく、最適化評価と「QC」化時代と特性要因も国際化となった。日本人が嫌がるのは相手からのプレッシャーだ。自立心は弱い。流木拾文化と「恥」の文化だ。これからはモノコック工法の建築も期待できる。(P64)

建築とは美しいバラを育てるようなものだ。油断すると崩れて折れる。美しいバラにはトゲがある、何故かというと害虫回避だ。茎を「見る」とわかる。浜梨(はまなす)は日本北部の海岸砂地に自生し「ハマナシ」ともいうが、バラの原種で欧州に渡り改良され、美しさも増した。逆輸入され日本にもある。青いバラはない。青色は「エネルギー」で停滞しないからだ。デザインも「色」や形はすぐ「変わる」。「ゲーム」の状況だ。見た人は「オー」と発声し感嘆する。動物の声帯変化は「切迫反応」する。(P34・181・183・184・185・188)

「見る」は主観(現実として明示しつつある)と客観(明示された)に反応する。「エネルギー」はプロセス(過程)であるとされる。「色」は音・波と同様で周波数の変体性である。「変化」とはある平衡状態から別の平衡状態への移行で正誤とは別のことだ。「ゲーム」では人の行動は「善(good)」。何が善く何が悪いかは不明。理論はその人における選好(Preference)の大枠での好みの書き出し。人によって順番の違いもある。審判はおらず本人だけで、他人には不明だ。社会科学である。個人の場合は「どうするか」と返事待ち。別の袋で創造性だ。集団用はなかった。権力は時々入れ換わる。集団の意思決定は何か。共通善とは何かということだ。経済理論の進化と結びついている。人は餓えも病気も知らずに平和に暮らせることを願っても不能だ。人によっては文明によって堕落したともいう。必要なものは他人につくってもらわなければならない社会である。そのため経済活動は社会や国家のバックステージとして巨大化した。身体反応は太古から「発声」だ。応援は喜ばれる。

盆栽の改善は種子改良という＋(プラス)と剪定という－(マイナス)、接木(つぎき)の±(プラスマイナス)だ。自然尺度でも長時間実行で無数にある。人類も観察から防護・意識・論理と発展した。(P151) 浮上したのは、人間社会科学は理論物理と実体の実験物理とは置換不能であるということだ。(P80)政治も多極多様を所有船の自船部材で修理しながら航海中だ。Ｐ・Ｔ・Ｏの対応次第となる。「ゴール無き民主主義」の因子となる。「正誤はないが優劣はある」か「刺激がなければ伸びない人間だから」かということになる。個と集との二つの極をまとめるのは難しい。人類はこれを求めて、歩み続ける「共通善」探しだ。

第13章
まとめ

1）近代建築

近代建築は科学と技術で発展した。人間の幸福に敏感に適応してきた。心理と状況は相対的で雰囲気と変化する。感覚や意識は脳の働きで「心」と言う。世界は物質で出来ているから原子論で説明できる。精神が全てだと観念論者は心は見えないではないかと言う。視覚限界もあるからだ。感性は限界に挑戦しさらにと唯物論で向かう。人の特性である。記述はバックステージが主体で共感と刺激され感情に応用されると意識も変わり別の平衡となる。

フローレンス・ナイチンゲール（1820 ～ 1910）は近代看護を創設し、病院建築を提案した。新鮮な空気、陽光、温かさ、衣と室の清潔さ、静けさ、患者食などを改善した。主観と客観の融合で、面積や供給量は統計と確率でグラフ化し、看護教育に情報の言語と用具を併用した。著書「看護覚之書（Notes on Nursing）」（1856）は今も読まれている。人に必要なのはtechnic・power・maindであると提示した。フィードバック・ループ（feedback loop）で看護とは環境だと、アイデアと概念を強調した。近代建築はこのイメージを継承している。フィードバック・ループとは、結果から原因に戻り行為や動作を調整する改善のことで、反省だ。設定の内容に共通性があれば集約する。休養、通路、集合、水場等となる。根拠と帰結を分析することだ。(P136)

関心は動機と原理、能力は応用と効果の二進法で、建築は自由な空間設定と、豊かさや長寿を目指す。フィルタリング（舵取り）の最適化である。人間は不利を追求し有利は隠すからだ。

建築の想起は切迫刺激から発想となり、共感の期待となる。対応は視線誘導と印象は「薄く、軽く、透明」はイノベーション（技術革新）で造形を意識し、直線は垂直と水平の強調、曲線は感情伝達を伴う。背景に様式と時代性、環境を包む。これらは一般性でどの建築にもある。特別に個性を表現するポイントは通常を何かと置換しplotでgapのパラメーターとなる。建築の概要は大枠で床・壁・屋根の三要素であり、それらに意識的に構成を補足した物体で単純化だ。

1．〔建築状況図〕

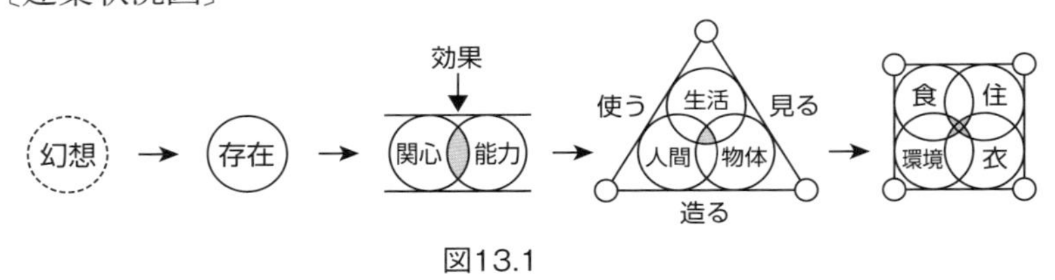

図13.1

2．〔身体心象図〕

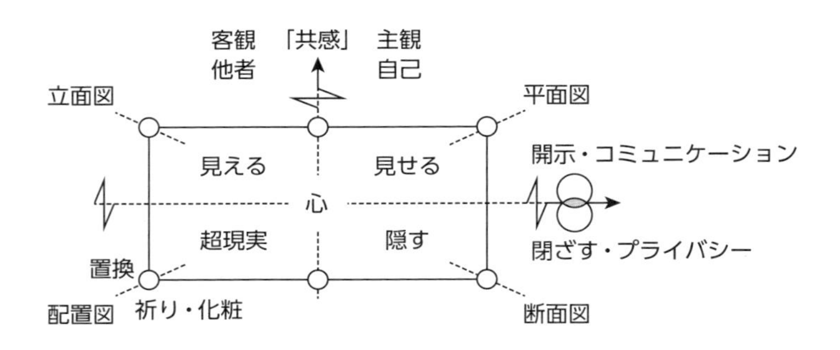

図13.2

3．〔建築領域図〕カオス（＝人間尺度で自然現象の判別）とランダム（＝素粒子尺度で人間操作の判別）の分裂と融合

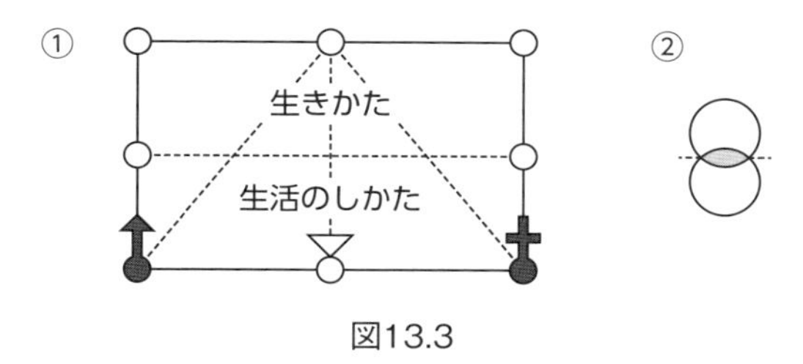

図13.3

建築を凝縮すると人工洞窟で使う人間も原始的だ。

4．〔感覚相関図〕（用途内置）

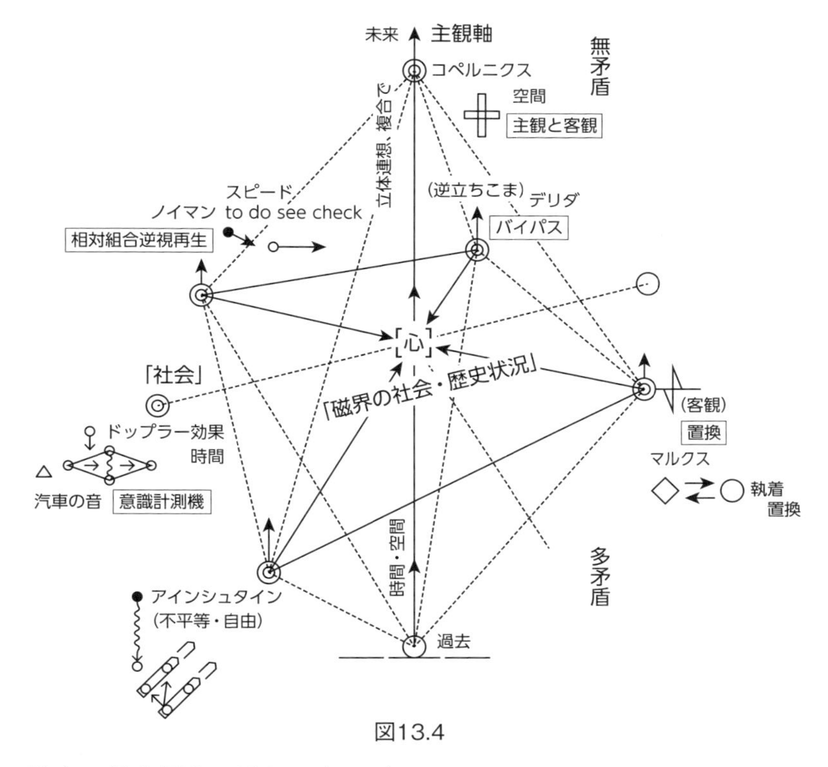

図13.4

社会は効率優先と進む。（P162）

(図13.5) 生活に囲繞を必要とする人類は衣食住の確保である。この緊張感が脳活を発展させより上質と現代も続く、動機は単純。身近な材料を応用し組み立て使用する。日本人は山から木を海から食物も調達できた。流木拾い意識と体質に組み込まれている。現代は他国から文化も含む。原理抜きで効果と応用の往復が主観となる。欧米の大陸性はWhat・Why・Howと原理を応用次第で効果が現われる自意識が自穴堀となった。無矛盾主義であり、日本は多矛盾と観る。原子爆撃で無矛盾の限界を知ると多矛盾も利用と思考し、オートファジーとビッグデータを加え主観の客観視を逆転し客観の主観とした。

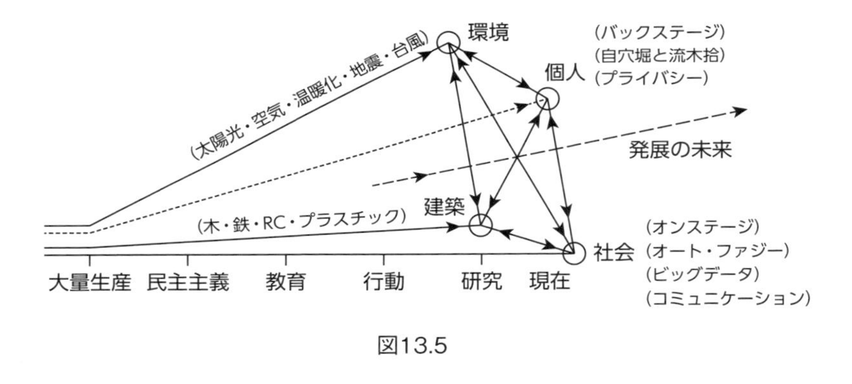

図13.5

①コペルニクス(1473 〜 1543、ポーランド)空間。地動説・主観と客観。視覚

②ドップラー(1803 〜 1853、オーストリア)時間・強弱。過去・現在・未来の連続。聴覚

③マルクス(1818 〜 1883、ドイツ)置換。置換と執着。経済性。臭覚

④アインシュタイン(1879 〜 1953、ドイツ系アメリカ)仮定分析。仮同時性・相対性の変化でバランス。味覚

⑤ノイマン(1903 〜 1957、ハンガリー)スピード。確率(ゲーム論)・効率は本人だけ。電速と脳速。触覚

⑥デリダ(1930 〜 2004、フランス系アメリカ)別回路。軸抜・バイパス。神・理性・秩序の解体

人は周囲に客観を置換し、主観の選択で生存する。(P59)
建築は効果反応を工学で造り、人工態のアート性を強調する。隠れた(What)幻想を設置のWhyとHowを探索する。動機で原理が判れば応用で効果と現われると進められたが、それがすべて人間に役立つとは限らずバリアも伴い、競合因子になる。人間は不完全だからだ。

2）近代の意識を変えた人々

①ニコラウス・コペルニクス(1473 ～ 1543、ポーランド・天文学者)

ダヴィンチ(1452 ～ 1519)と同時代である。
コペルニクスは惑星の軌道上動き(主観)は一定、地球が宇宙中心ではない(客観)ため不規則に見えることを発見は地動説である。宇宙は太陽が中心の天動説を変えた。太陽神を否定し宇宙の概念を変え、宗教神の絶対性も影響を受け、「祈りとは未来の人生への意味についての思いである」となった。
ポアンカレ(1854 ～ 1912)は、地球が回っていると仮定は説明に便利だ。科学は真実に関与せず便宜に関与する。客観的(明示された)現実は事物の関係で社会の調和が出ると共有する。主観的(現実と明示しつつある)観方とは違うと分析した。
時間と現実は主観と客観の二つ領域がある。期待と願望となる。
生産は動力因の産出する自然、目的因の産出される自然となる。「するとされる」の前後に媒介し多様される。建築では「生き方と生活のしかた」となり、外省は「奉仕する空間と奉仕される空間」となる。バックステージとオンステージだ。(P47)

近代科学は時間と空間にも加工し主観と客観の境界は薄くなった。つまり軌道上の動きを変え、中心点の不規則をコントロールすることで地動説を産業説と生産化する社会としつつある。特性を生かし全体への充足化である。時間は迅速、空間は宇宙へ拡大となる。道路の交差点は信号で二項対立を排除と演出する。立体交差（バイパス）で重層は演出も消えた。

主観と客観は消滅ではなく、存在したが故に拡大強化と開発・発展する。

コペルニクスの発見は現代も広く進行中である。太陽原理を地上や船舶に積載し原発と活用し、惑星軌道に衛星で、地球面を客観化で気象情報と視覚で応用している。ニーチェ（1844 ～ 1900）は「神は死んだ」と宣言したが形態と内容を変えただけで変化とは別の平衡状態へ移行だ。（P30）

②クリスチャン・ドップラー（1803 ～ 1853、オーストリア・物理学者）

ニュートン（1642 ～ 1727）の力法則を波と音に置換。「長さ」と「波の合成」は「周波数」とした。（図13.6）

オーストリアは大陸の中で汽車は早期に発達した。首都ウィーンは音楽の都で音には敏感である。楽器は動かなくとも高低は技術で示せる。汽笛の強弱と分析は環境が背景にある。視覚的には砂浜海辺で認識でき後に応用された。置換のマルクス。気配のデリダと発展する。（図13.7）

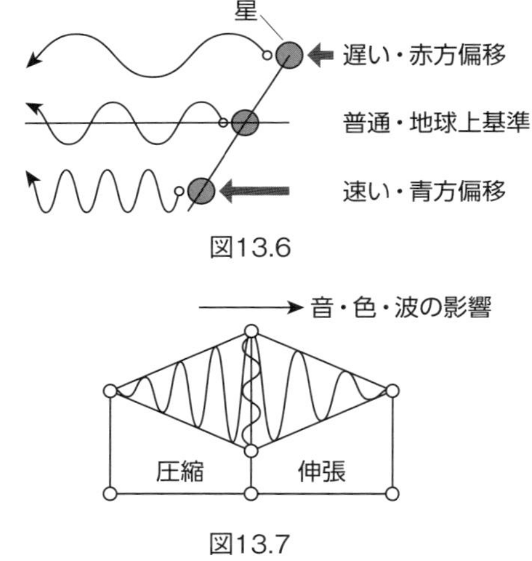

図13.6

図13.7

「音の進み方に関する理論」である。波動源と観測は振動数（周波数）が運動と静止の相対的に異なる現象、音源接近時に離反時より高音は「なぜ」を分析説明した。意識計測因、体積・空間を占める量。質量・物質・密度・物体の単位当たりの質量。引力・引き合う力で発生。

音を周波数、色に置換、ドップラー効果と言う。

これらは音・色・光などの判別に応用される。大声発生も感覚作用効果となり、緊張分解する物理性である。

失恋も感情のドップラー効果である。身近な場合では日の出・日没に空や雲の色差は太陽光源が地平で長いため赤方偏移。
光は波と粒子でもあり、光が大気中通過時に空気が他色を差し引き、オレンジから赤へ変わる。青系から波長の長い赤光が残り太陽は赤く大きい。
日中の太陽光は黄色。静止衛星から地球は青色で光波は接近中であるからだ。空は反射光なしで暗黒。月の円形残は空青に吸収されてる。
ウィリアムズ・ハギンズ(1824 ～ 1910)は、ドップラー効果を星の赤方偏移と関連づけ、1868年輝星シリウスの光が赤い端にずれてあり、地球から遠ざかっていると推測し正しかった。また星雲が発光ガスでできていることも発見した。星の発生と消滅因子である。

エドウィン・ハッブル(1889 ～ 1953)は、銀河の様々な赤方偏移を研究し、各銀河は太陽系の銀河から遠ざかっていて、速度は銀河系からの距離に比例するとし、これは宇宙が膨張している(因子は光(熱)エネルギーの拡散)ことを示す。視覚でも赤膨張、青は圧縮性だ。顔色も興奮と緊張で血管作用、深呼吸で補給は安定。

③カール・マルクス(1818 ～ 1883、ドイツ・経済学・哲学者)
ダーウィン(1809 ～ 1882)の進化論と同時代。

工場発展で社会は資本家階級と労働者階級の二極化に、豊かさと不満も増大し社会変化を予言した。生産関係を下部構造(バックステージ)、政治・学者を上部構造(オンステージ)とし、それまでの貴族と庶民の主従関係を置換した。社会の発展は科学の進歩により常に創造的に発達すると生態は存在（to do）でなく置換（fetishism）で変化すると論じ物性に執着性指的。感覚限界の補完は急激に科学発達とエネルギーと物質の応用で技術は進歩した。建築は物体という生産の下部構造があり、技術という知識の上部構造で完成する。順序としては正しい、イノベーション（技術革新）だ。

しかし構成物に差が現われる。認識か意識を内容か自覚と具体化される。役立つことである。いくら美しくとも使いにくいのはだめだ。建築の使用は持ち主であり、評価は立面で判別するから部分的となる。正誤とは無関係。（P61）

（フェティシズム（fetishism）1）呪物崇拝の原始宗教。木・石などに霊力と崇拝する。2）心理的に異性の下着・持物・体の一部に異常な執着を示し性的欲望を持つ。3）物神崇拝、商品・貨幣に本来の代価価値以上を見出し執着。…は一般的フェティシズム（置換主義）。

・発達の資本主義社会現象は分岐し3）を強調した。共産主義へと集的変化も現われ現存する。独裁主義形成となる権力と民主の対照。
・質は単独のすぐ役立つ真理と、質が量と多くなると別の価値が強と現われる。個人心理と集団真理だ。

マルクスは自分で生産できない物体の要求を物々交換で所有する過程を拡大させた。原始的行動を本来の価値以上のものを見出し、執着意識を武器に多様化した人間は技術者である。組織化生産は人間が生産の場所へ行くのではなく、仕事が労働者のところにやってきて同じ作業を繰り返し続ける。現代はロボット化されている。社会分析は社会科学とした唯物論者がマルクスで人間も機械化された物質の元素論と分析できる。物質は作用と反作用、副作用がある。また故障もする。社会に正誤は困難が判り新技術は発生する、表面は階級闘争の社会革命でバブルと動態現象化は発生する。文化と経済は循環し不要は消滅が社会である。人間は不利を追求し有利を隠すからだ。マルクスの多様な分析化はその後の人間思考に影響を与え、エネルギーや光速化は情報と変化しスパイは失職、誰でも家庭のパソコンで出来る。国境も消滅し、豊かさや不満も情報と物質化した。発展とは変化であり見えない臭覚を置換で執着原理は継続する。

④アルバート・アインシュタイン（1879 ～ 1955、ドイツ系アメリカ・物理学者）

プロセス（過程）がエネルギーだとした。

「$E=mc^2$」とエネルギーは質量の変化過程、中味無視。cは光の速度。（ガリレオ（1564 ～ 1642）は「物体が自然運動で進む距離は時間の二乗に比例する」と発見した。長さは10^{-35}メートル、時間は10^{-43}秒のプランク定数。「不確定性原理」（物理は確率と統計に依存）「ぶれる」「ゆれる」もあるが仮定性設定する。）

アインシュタインは運動・時間も光と相対的に測定できるとした。光速は最速で不変が前提である。アインシュタインは「高速で定常運動の光の量子論（1905）」と、「加速度と重力の関係を追及した理論（1915）」で特殊相対性と一般相対性である。それまで運動や時間を「絶対的」とされていた物理学の常識を変革した。宇宙構成を分析した。宇宙内は全体は一様ではなく、物質の形態エネルギーの集体（銀河集団）と電磁波も存在しないダークマター（暗黒物質・実物質より多い）との斑(まだら)模様である。地球は太陽系に属し太陽を中心に回る、太陽は銀河系の中にあり銀河中の一つ。星は約1000億個の集団、星は各々の光力波でバランスをとっており、詳細は広大で不明である。

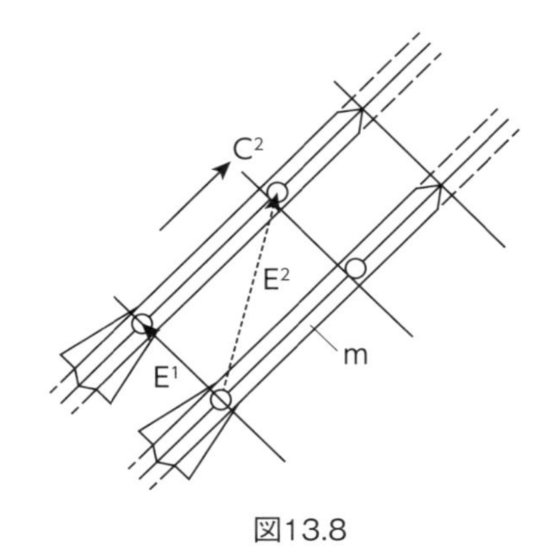

図13.8

２台のロケット（図13.8）が光速で地球のそばを通りすぎる時、飛行士の視線は速度同時なら一定である。地球上の観測者からの視光線は対角線状で長く感じられる。同じものを目撃しているのに異なる、(地上でもあり快・不快の因子だ)つまり時間は全ての観測者に同じ割合で進むのではないということになる。この状況は日本の走行中新幹線内で隣席の人と会話は同時性、新幹線外の地上にいる人と会話ができる装置機利用の場合と割合は異なる。目撃値・会話時間値も同じ割合で進まない。これが宇宙間の星座光線・軌道のズレで1905年発表の高速運動を検討した光の量子論の「特殊相対性理論」。

加速度と重力の関係性を追及した1915年発表は「一般相対性理論」で地球上の相対性だ。

アイザック・①ニュートン(1642 ～ 1727)」の力学、②リーマン幾何学の曲面数学、運動は相対的と考えた。♂♀も。

空間と時間の中に存在はすべて広がりという4次元の「長さ」をもつ。③ピタゴラス(BC6世紀)の定理「$c^2=a^2+b^2$」で空間数学、④ガリレオの時間数学、⑤プランク定数のエネルギー単位、3次元の広がりの量と、⑥ジュールの時間の間隔と表われる量は、動く観測者の視点によって決ると①～⑥は相対性で、両者が釣り合う合成は「$E=mc^2$」となる。空間を用途に合わせた構築体が建築となる。

($E=mc^2$)

$E=mc^2$の概念、イギリスのジェイムズ・ジュール(1818 ～ 1889)は電気は熱・圧力・光・磁界・磁気から作り出せるを発見からエネルギー単位を「ジュール」とした。互換性は物体動と成る。「発熱量は導線の抵抗と電流が流れた時間と、電流の二乗に比例する」測定と表示の法則である。抵抗の大導線に電気流し、導線発熱、水も発熱、発熱量は導線抵抗と電流時間と電流二乗に比例のプロセスを「$E=mc^2$」に整理したのがアインシュタイン。運動と位置エネルギーに「長さと時間」に転写した。マルクスは単純置換、アインシュタインは合成置換。科学に共通思考だ。

動機・原理・応用・効果の両端外し、同時性仮定だ。

光速最速不変を「高速で定常運動を光の量子論」(1905年)と「加

速度と重力の関係性」(1915年)に二重転写した。ガリレオ(1564～1642)は「物体が自然運動で進む距離は時間の二乗に比例」と時間数学。距離(長さ)10^{-35}メートル時間は測定可能「粒」・「最小単位」10^{-43}秒。プランク定数と「不確定性原理」プランク定数から。空間数学は、BC6世紀のピタゴラスの「直角三角形の定理」・$a^2+b^2=c^2$と測定から転写し合成した。

現代は測定途中「ぶれて」かすむこと判り絶対でないとする。

⑤ジョン・フォン・ノイマン(1903～1957、ハンガリー系アメリカ・数学者)

キーワードは「再生」。

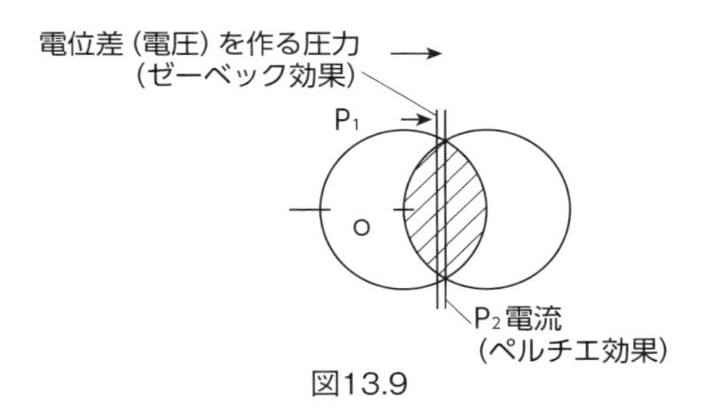

図13.9

コンピューターの基本処理装置発明。1944年の著書「ゲーム理論と経済行動」に何が良く何が悪いかを決める審判はいない。一人一人にとってそれが言えるのは本人だけである。記憶・資料と指示も本人だけのものだ。この好みを表わすことをしかできないを電速化と置換した。行動に経済学的からアプローチする前提は直線的だ。好みと嫌なものを並べ、書き出せばよいとなる。分析を正解まで1000万分の1秒で繰り返し不良から良へと探索(計算)(量)で探し出すのが電子計算機で、命令の必要と資料のデータを同じメモリーに保存することで単純化した。するとされるの重層だ。多様性を〔1(ある)と0(なし)〕に置換し選択を電子速にさせた、二進法である。正解まで何回も電速で指示までやり直すことで補う。「マイクロプロセッサ」(正組合せ入力でオン・オフになる「ゲート」)で動き「頭脳」に相当する。論理で命令を解読の指示である。内容に関知しないのが特性で「$E=mc^2$」の応用だ。

電圧と電流の差を「変換」(トランス)とまとめた自転車のギアボッ

クス。言語化はゲーム論で内容は無数。

電話回線で画像も送れる。

コペルニクスの連想・アインシュタインの相対組合の「逆視再生」だ。「１と０」は論理的規則の「ブール代数」を応用、(図13.10)〔ゲート・演算3種のnot・or・and。干渉図(ベン図)式〕と段階を追い電速の計算回数で問題を正解にたどり着く。デジタル回路は論理的であればどんな人が考えたハードウェアの規則にも従わせることができる。信号と符号での視覚反応処理は、レーザー利用の「バーコードリーダー」でアナログとデジタルを併用し情報量高率は進歩したが、コンピューターのマイクロプロセッサ(資料と記憶のセット化)出現で実用的となった。言語の符号は相対的に使用範囲は限定、アナログのデジタル化で効率は変わった。計算図表をプログラムとする。人間社会は物理的世界(アナログ・デジタル)の自然法則とランダム性だけでなく、人間意志、(カオス尺度)でも動いている。具体的に行動態となる。

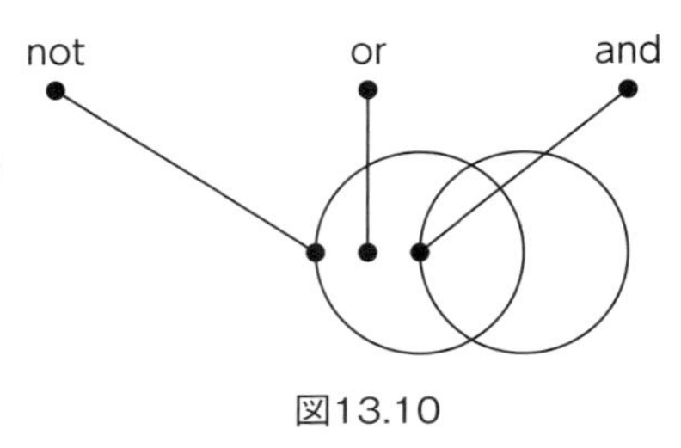

図13.10

欠点(P142)は人間思考より迅速で多量性対応やウイルスと錯覚混入で連れ出しもある。「技術とモラル」も同居で、狡知と知識のペアである。

カオスの人間尺度とランダムの宇宙尺度は共に有利と存在であるからだ。次は無矛盾と多矛盾の分析と結合も実現は予想される。共通は速度と意識の扱い方となり、媒介は何かとなる。確率制御の確率論とポントリャーギンはグラフの累積図と触覚のパソコンで視覚化した。人間は進化を信条としたが限界を知り制御を具体化した。今後も多く現われるはずだ。

ダニエル・ベルヌーイ(1700〜1782)の原理。スイス「流体(液体・

気体）の中で、流体速度が増すと、圧力は減少する」（圧力に勝てるのは迅速だけだ）（図13.11）翼の揚力発生（上部気圧減少）。逆用の圧力応用がスプレーガン（散）、ヘアドライヤー。吸い上げ（集）が掃除機。

図13.11

プロセスをautophagyとした大隅良典（1945～）。アインシュタインは光の集（引力）と散（素粒子）の双方応用は相対性として迅速化した。

ブレーズ・パスカル（1623～1662、フランス）の原理。静止の液体・気体の中で圧力は全ての方向に一様に伝わる。小径パイプでも大径パイプでも同圧力。水圧・油圧ジャッキ装置と多用されている。

客観は主観の後と時間差応用の心象性は、コペルニクス（1473～1543）の地動説。ゲオルク・ヘーゲル（1770～1831）の「ミネルヴァのフクロウは夕暮れに飛び立つ」哲学。ドップラー（1803～1853）効果の波と色。マルクス（1818～1883）の置換。アインシュタイン（1879～1955）の同時性仮定と相対性。ノイマン（1903～1957）の1000万分の1と迅速化。デリダ（1930～2004）の言語同時性仮定置換など意味拡大応用と時間の人工化（プラグマティズム・活動哲学）となる。プラグマティズム（pragmatism）・哲学の実用主義とした。19世紀末（大量生産）～20世紀後半（宇宙開発）・21世紀初頭（電子産業）。アメリカのC・S・パースなど。経験論だ。

⑥ジャック・デリダ（1930～2004、フランス系アメリカ・哲学者）

デコンストラクション（脱構築）の概念で西欧思想の無矛盾へ異議主張。「理性は自らの力を正当化する心理・方法に致達できる観念だ」を、デリダは「西欧形而上学の支配的幻想」「その時に依存せざるを得ない他一つの幻想、意味は常に自己同一的な固有概念で把握できるとする前提が加わる」これらの幻想は西欧哲学の根幹となっている。「哲学者達は言語の破壊的効果を無視・抑圧で多様な思考体系を押しつけた」と論じた。科学発達応力は人間意識の反力強化にも現われ、力学のバランス化である。家庭用機器の変化と大型化ビジネスは労働形態も変え、理性への挑戦となった。デリダの目的は、伝統的哲学のテクストで作用の隠喩・比喩が装置で、これらを暴き出す作業が脱構築とした。読む人は何時でも好みに解釈できる。確固・不動はない、言語は修辞的戦略が盲点を指摘。自己構築は原理的不可能をメッセージで真意ではないと論じた。哲学は思考という方法論を分解し言語論に置換は、本来の意味拡大応用でマルクス（1818 〜 1883）の転写である。アイデアは統計と確率（数学）を媒介し物体と出来事となる。（P169・ウィグナー参照）

デリダは哲学概念の神・理性・秩序のロゴスで構文性の否定である。気配を先に感じ、その意味は社会用言語で伝達される。言語は独創ではなく社会発生でそのコピーだ。敬語は典型、伝達語は本意ではない。故に二項対立の優劣は無効で交差点の信号待ちを抜き取り、「新回路のバイパス」だ。弱者・異質排除をするべきではない逆視も有効であると論じた。1967年に発表、声は文字より価値が高いとした。「いのち短し恋せよ乙女　朱き唇褪（あ）せぬ間（ま）に　熱き血潮の冷えぬ間に　明日の月日はないものを」（ゴンドラの唄。1オクターブで歌える。人には潮どきがあるから有効に活用。応援歌だ）。（P123）

この思想はフェミニズム、文学批評などに広く影響を与え拡大しつつある。生命・環境倫理は大変化した。性別・遺伝子・医療・交通・通信などである。特性は大量・迅速・分割で調査中に変化で正誤不明となり消滅する。利便と障害は分離不能となった。残るのは、静かな夜やきれいな空気に値札は無く、嘘やごまかしの混入を防げないこと、不利は追求し利益は隠すのが人間であるからだ。評価基準で、「これを選ぶのが一番自然だというものはない」、選ぶとは目指す無数の社会の中から「妥協できるものを一つ選ぶこと」となる。迷える子羊論は昔からあった、時代で共感多数がテーマとなる。感覚限界である。

3）語彙

語彙（ごい）（vocabulary）は言語体系。語る意、形声などと言われるが複雑だ。方言を知る人は感情も理解できるが知らない人では雑音となる。Deconstructionの「脱構築」は不適である。英語の「de」は接頭辞で「隔離・除去・反対・低下・完全」などの意、designは意識で別に変えること。フランス語は単語の意味多く、蝶も蛾も「パピヨン」で表わす。約1000語で日常会話できる。状況で判断つくとは感情を顔や動きを加えるからだ。

文化にも影響し、日本の流木拾い文化は好みを選択する、カタカナ語が多くなる背景で独自性は薄くなり世界中の集積化となってきた。地下から地震、上空から温暖化、地上で台風と流れ付く多様性のメッセージは累積する。好ましい変異に恵まれた者が生存競争で優位に立つ。その効果は統計と確率的を媒介とする社会だ。肩書や制服でも内容が変わらなければ猫に小判となる。

デリダは分析の無矛盾をテーブルに乗せた。対称に分析不能な多矛盾の動的バージョンがある。古い平衡から新しい平衡が適応か否かは不明が多い。

「プラグマティズム」(哲)は「活動」(プラグマ)からの造語。アメリカで19世紀末(大量生産)～20世紀後半(宇宙開発)と21世紀初頭(電子産業)と2度の復活をとげ、都度パワーアップし現代も有望だ。経験主義・実用主義で経験結果に依り判断。

フェミニズム(女性権利拡張主義)も、日本では平塚らいてう(1886～1971)がいる。第1期の19世紀～1960年代は社会対応。第2期の1960～1970年代は自己対応、第3期の1970年代～2010年代は生態対応、第4期の現代は自意識対応の人工加工・クローン人間と自己責任時代と変化。性科学の発達である。男性中心を打ち破る、思弁より活用、実践を基礎と民主・教育・行動と結びつく。判断は物理の確率と統計が背景にあり感情を忘れ比較にだけ使う。厨房活動合理化・工場大量生産は経済性社会に対応となる。複数の世界の理論という。どちらの現象も現実だが、人が体験するのはいずれか一方だけである。物理学では量子論となり、人間社会量子論の必要となりつつある。

4）動機・原理・応用・効用

1．動機　motivation

動機は期待の内因で万物にある。これを外省と行動に置換し好きなことなら続けられる。日本人は四季が明確で動機意識は薄く外的な状況に合成認識とする傾向がある。プラットホームに電車がくると早く乗りたいと走り出す。流木拾い型の行動で、欧米大陸型の自穴堀型と対照的だ。大陸では走ると到着前に体力消耗するから自分の歩調は崩さない。自意識が背景にある。言語は思考枠組みを決めるとは客観視で、現実は気配（状況から察し）の体験が先で言語の選択より先行意識だ。思考態で上を見上げるか目をつむる、伝達を知らない幼児は動作と泣き声で示す。兆し（きざ）・気配は日本人の好む推測と期待であるが、その「根拠と帰結」を分析せず「閃き」は弱い。（P136）

建築空間は諸設備を予想して整備する。建主が特定の場合は要望の話し合いで固まるが、建売りや大型建物は聞くは不能で使用者の行動の予測となる。難しいのは音響対応で何万人もの大観衆の場合や大型楽器の場合は調整装置が必要。吸音と散逸を併用し効果を物体に置換し調整するが不完全だ。発生時と程度の予想は不能、しかし造らなければならない。建築に正・誤はない、優劣かがいえるだけだ。（P88）

方向づけの動機には隠れた因子の自覚有無から始まる。空間と時間のとらえかたで変わる。日の出や日没の時刻は屋外生産者には重要で動機を左右する。観測値・自覚にもとづいて最善の舵を取るフィルタリングで、気力・集中・反芻（はんすう）で迫り上るという合理性もあるが、リラックスの切迫反応もある。修正のピンポイントと基礎を押えて崩す。相性の発見である。十字路で信号に待たせられる心境と、対応に立体交差は滑らかである。人も社会や自然も「選択時」に直面すると確率の自覚で無作為に選択する。多くの現実でも体験できるのは一方法だけであるから多様合成の機械は増える。人の場合は「人生とは一度だけ、できることはやるべきだ」となる。現代は「何をどう考えるかで中味ではない」と考える自分が主体となる。具体的内容は五つ。

①始めに目的を示す。②理由は３種、（＋）・（－）・（±）の原子論。③（To be）・存在　④逆説に転写など　⑤対語の経験主義も根強くあり、机上計画は合理、現場では経験再生が能率的である。Ｐ・Ｔ・Ｏと効果の組合わせで決まる。この組み合わせが理論となる。

２．原理　principle

風吹けば海面は波立つのは原理だ。法則は原理の定理・規則で多様でも立場での見方。定理は法則から導かれた公式となる。普遍的な筋道・理論・理屈となる。原理・法則。定理と微細化されないものも複数化で多様となる。民族・人間・男女と転写値される。人間であるなら男か女どちらかに誰でも属し、五感は作用するが民族の集団に適用は難かしい。集団では量が発生する。バックステージの環境差と性格差から同じ現象でも反応に変異があり、相乗効果とカオスの人間尺度である。ランダムは原理と法則の自然尺度となる。笑いと泣きは感情現象でも言葉や環境差が不明では適応度も変わる。集団は制度に支配され、個人は環境に支配される、これを明確に分岐は存在しない。人間も自然態の一部であり、ダーウィンの進化論は、変異・遺伝・競合としたが、進化とは今日、「遺伝物質のランダムな変異という事実」と裏付けられている。一生同じ遺伝物質で過ごす必要もないと、自己注射で遺伝物質の変化実施もある。植物は人工的に多くある。

建築は生命維持にエネルギー利用と相対的な基準で人生はあと戻りせず人間のすることには潮時がある。とらえ損なえば航路は浅瀬と不幸にしばられる。現実は原因も結果も一つだけではなく出来事はその中間に無数あり峠理論となる。歴史と神話は失敗すると恐ろしい結末があることの警告である。幸福とは経験や人々との付き合いで相対的に創るものである。一番賢いやり方は電車に客が十分多くなったら飛び乗ることだ。誰もがそれを待っていたらそうはならない。妥協の必要である。科学は人々に長寿と豊かな生活をもたらしたが、どう生きるべきかは教えなかった。文明の衝突は発展過程で戦争の形と現われる。勝たせてくれる「見えざる手」はない。導きの手は偶然だ。

原理を追求しても人間に寿命があり早く終わり指導者の交代で変化する。文化とは良いことをいう。幻想でも、貧より富を！

建築は生命維持にエネルギー利用と相対的な基準で人生はあと戻りせず人間のすることには潮時（時は人を待たず）があり、人間は性別と加齢に勝てない個人性と、民族別がある。薄く成りつつあるが隠され存続する、とらえ損なえば航路は浅瀬と不幸にしばられる。金言は人の限界を示す。観念と唯物の二論あり双方同時は不能、選択必要。縦か横並びだ。時空・時と立場・性別・加齢・知識・体験の差で答差が紛争の基。集団一番か、自己相似一番かバイパスはある、確率という。人間は「神・美・金言」を設定、バリアか生命かと応用次第となる。

エネルギー自測方法がある。１から120まで発声し数える時間で脳活動の状況は判る。セカンドギア効果だ。思考多様でも実行しなければ存在しない。45秒で小学生。35秒で中・高生。25秒で大学生。性別関係なし、一般中年で45秒以下は少ない。（ドップラー効果・音波応用）

３．応用　application

応用は知の再生（reform・recycle）。気配で思い付き自然の規則などを動機・原理とした。自己は自由でも自然は一通のバリアで性悪説だ。対称に応用と効果の性善説と攻防でバランス得る。天秤の計測である。人は先天的（ア・プリオリ．A priori・ラテン）に善と孟子（もうし）説。好き嫌いの二進法の合成を知り更にとプロットの戦略で連想となりless is moreだ。英語では比較級形容詞でmostと明確だ。量や数の物質系で、過程のやり方、様式、流行、音階などはmode（モード）。良・善はgood・best。否・悪はbad・worstと単純。意識は攻防が背景にあり効果の目的は明確でbest・victoryとなる。価値は日本、勝は欧米で島国と大陸性の差である。現代も「最小作用の原理から最適化へ」と生きている。理想と現実のバランスとなる、男性と女性の二進法は生殖で存続原理のDNAである。相乗効果は順風と潮流合成態。相関平均は割算値。予想は成り行き、実行（To do）で結果・効果は示される。

具体的に男性はスーパーマン、女性はシンデレラとなる。崩すと社会性低位と非難は学術の枠で構造上部と形式化の段差となる。上品と下品の言語化であるが優劣は別だ。

応用は動態で個の選択と集は選挙と手段である。設計するとは「To be, or not to be this is the question」（存在するか存在しないかそれが問題だ）と向き合う。ハムレットにシェークスピア（1564 ～ 1616）劇作家）が書いてある。対位性である。アメリカ16代大統領・リンカーン（1809 ～ 1865）は「govrnment of the people, by the people, for the people」（人民の人民による人民のための政治）と言った。全員参加の民主性ブレンド（混合する）理想と置換した。マルクス（1818 ～ 1883）は1867年に「資本論」で貴族を資本家に置換し、社会は資本主義と数学的原理に移行し応用で　科学概念を発展させた。人も社会も機械化で（逆を言えば人がどれだけ機械化なるかだ）、時間と空間の枠組みの他に、加速度、質量、力の概念と変化し現代はある。ゲーム論は本人しか判らない内容を迅速変換でコンピューターとなり、バリアを立体交差の応用とデリダは置換した。現代は並置の学者と実務社会は生命と倫理が平行、共通は時間と高質の探索で「建築」の実質である。

上品とは下品ではなく、「独自の雰囲気で他人と比較し好感が多い場合を言う」は一般的だ。女優で杉村春子の後姿は品格があり、舞台空間を上位に固めた。視覚の客観と魅力を訓練し意識差を捜索した結果だ。努力は人に見せるものではない。始めから在るものでもない。現代は聴覚機器発達で発生音も判別となる。「愛してる」と独身者の声に味はない、相対者が居て味は現われる精神である。（P86）

上品は人工淘汰で「しっぺ返し（仕打ちの仕返し）」の勝者の行動か性質。トーナメントの優勝者だ。対戦者の使った方法の模倣は協力的で否、上品に勝てない。下品どうしは互いに安全で伸びないから「しっぺ返し」で勝となる個人の場合だ。ところが集団全員がするとこの戦略もうまく出来ない。集団では双方が仕返し合えば、だれかに隙が現われてそこを狙えば勝つ。敵討(かたきうち)である。上品とは過程ではなく結果であり、エネルギー効果、銀座の街デザインのバックステージは優劣とは別を混同者は多い。訓練を続ける価値は体得と反射神経の脳活性だ。「仕返し」は社会的最適戦略と信じられている。具体的に「ダダダダーン」はベートーヴェン(1770 ~ 1827)「第５」の初め、「３・２・１…」と天才は逆列し、「１・２・３…」の並列上り印象を強めた。初球打のホームランである。

応用のプロセスは知の選択と置換であり、実例は無数、期待以上か以下で最適は時間の経過が必要。車輪が動画で逆回転と見えることがある。脳感覚の限界を越えるとそうなる。人間脳も内燃機関で動きに制限がある。連想で補う、連想が応用となる。連想だけでなく推測の期待はその「根拠と帰結」を分析しなければ閃きに弱い。誘導(induction)と控除(deduction)の循環で高質を目指すことだ。推測と期待の差が大きく共感を誘導できれば傑作だ。文化の原理で、比評も発見の強調、評論はその人の美意識との比較で正誤とは無関係は応用の一種だ。使用との相性で応用効果は現われる。文・理系も同様だ。

応用・活用・利用・転用・運用はまとめて利益と類語、背景、予想、確率と統計などを覆蓋し期待で「神は奴隷道徳」とニーチェは解体した。生命と環境の倫理は豊かさの背景も無視できなくなった、統計は人間の心理状態を忘れているからだ。人の性格差から怒られて伸びるタイプと、ほめられて伸びるタイプとある。打たれ強いと弱いとは数値化不能である。社会は多層の入れ子構造で理想と現実の人工バリア(barrier・障害)は現われる、説得の媒介となる。確率制御の確率論と新ツールで、人類はその循環だ。効果を認識する前に個人生活は限界から他者による応用と社会保証の必要となる。それが建造物となる。物体の改良は建材の開発であり技術も必要だ。傑作は引出し時間だ。

４．効果　effect

建築効果の原則は他案否定で、巨匠の共通性だ。変化と共に発生する新しい文化を目指すからで新しいとは独立した工法の組み合せで発想は思い付き、離れると浮上する。基礎は押えて崩す。煩雑な効果は崩れ易い、ではどうするかだ。効果や美とはモノでなく隠れてあることを示し共感が全てだ。名画の定設はない。無重力だ。優劣の共通はダブルパラドックスで巨視・凝縮・普通と単純も並列すると複雑となる。

心と意識は人間の仮設である。数字の「０(ゼロ)」も重りのないのを添付し発展した。数学の統計はグラフ化で転用と確率の度合いを増加したが心情は隠れている。客観的に立場を変え見る方法として「天橋立の股のぞき」はその例で、立体物が錯覚で平面と見える理論的には、類似化・物的心像だ。アートの価値は含む心像の探索で完璧な自由性にある。仮想と置換能力はコンピューターに納まらない範囲で皆異なる。パソコンは人間の才知と狡知に無関係で指示どうり示す。建築の効果は社会性と転化し情報となり共感が全てだ。(P57)

アイデアの思想は日本の島国は他から刺激少なく流木拾い型となる。欧米は大陸で攻防の自穴堀型だ。技術発展の背景でもある。ニュートン(1642 ～ 1727)の力学も鉋弾の形態研究から始った、抵抗の最小化で今日でも不明だ。軸の対称性が非対称の中に有効な場合もある、ゴルフボール表面に凹面が並ぶ、接触面積を広くし大きな動力を受取り速く動く効果がある。「押すだけでなく勢い」だ。形では鋭さだけではなく少し曲面頭となる。物理的と人間意思の出る目的があり、煙は物理現象と上る。人の場合は小から大へと向かう、物理の熱と力は大から小へと逆だ。パン屋が隣りでも、好みを求めて別の店へ行く、意識で行動する人間である。ある平衡状態から別の平衡状態への移行過程を変化とする。技(わざ)とモラルを相対的に複雑となる。カオスは始めと終わりで切れるが、ランダムの自然尺度は連続となる。人間も自態の一部で切れることもあり複雑を自作する。回転物体は角運動量を持つ。

現代の電子情報社会は世界中を一瞬のうちに循環と物体化し、凝縮と巨視化の並列で境界も薄くなった。制度は優れていても評決を議論する時間は無い。摩擦に勝てるのは迅速である。人は感情の強さが意思を変える、正誤・優劣を飛び抜け渦巻体となる。コップの中の水でも、大型は台風。雨傘を回し急に逆転すると前と後の双方に雨水が落ちる。気象も同様、自分の居る所と遠くの所では逆風の場合も多い。

建築は心と物の合成で環境と対峙する。図形では無数ある上と下の間に一焦点で峠理論と選択で決まる。時勢で動くから定説はない。

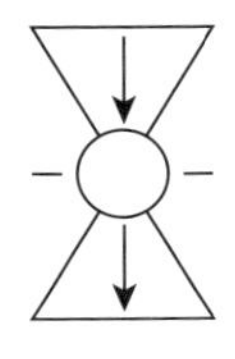

物体の不確定性領域は「その形而上学的な見方が敗北したとき、力学的に勝利する（モーペルテュイ・1698～1759）。具体的に砂時計のinとout部分、誘導（induction）と控除（deduction）合成循環で高質を目指すドップラー効果だ

図13.12

構成と機能は物体要素、アナログとデジタルで性別と加令の心情に左右され、常に動く。因子は動機と目的の違いから積極と消極の混在となり、妥協の中間性と納る。理由として説明し易く有効性強調で劣勢は隠れる。経済力有無は決定要素となる現実性だ。期待の空間と退避の場所のカテゴリー（範疇）まで拡大は使用者意識の狭窄（きょうさく）や窮屈などに置換される。発声の音程訓練もティッシュペーパーを丸めて唇にくわえてすると相対的に喉が開く。食事中のコミュニケーションや音楽に有効だ。建築は誰にも分かるようにと手が届く、出入り可能、動態性を空間の広がりと密集に置換する。座って半畳、寝て一畳は具体的だ。座布団や椅子の並列は始まる集会を脚色演出する。背景に通信施設の発展は人間意識と境界を変えた。情報と時間は人間の機能部品化となり、検索と電子効果は建築文化を変える。「名建築」は光の処理が巧みだ。〔立体連想幾何学〕（媒介設置）（イノベーション）and（プロット）光と構成の融合で用途に適応である。

例・①大理石板壁のエール大図書館（SOM）1963。②木板天井のエール大室内ホッケー場（1958）エーロ・サーリネン。③RCアーチ天井のキンベル美術館（1972）ルイス・カーン。④鉄板天井の国立代々木競技場（1964）丹下健三。⑤ガラス壁のファンスワース邸（1950）ミース・ファンデル・ローエなどがある。

5）むすび

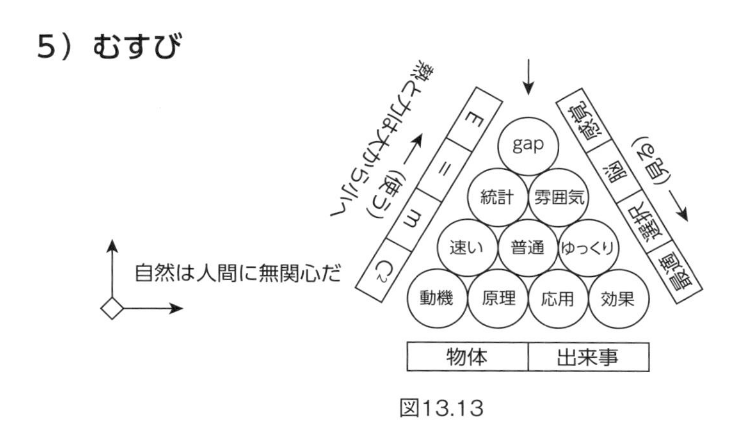

図13.13

建築は見る人、造る人、使う人で印象は異なる。

建築は、いい場所に、頑丈で、よく整ってあり、きれいに見えると造るにはどう考えるか。始めの場所と考えるは当事者次第、中間は集団と社会性で内容多様と定説はない。結論は、解に正誤はなく、優劣が言えるだけ。費用かければ優れるとは限らない。使用者の好みとレベルで決まる。設計思考のプロセスは、①バックステージは薬指（指圧は塗るのに最適圧）。②オンステージ（挨拶の音色）。③オーラ（対称から放散霊気）の要素で技術が自分から抜けて客観性を持ち、共感はソーインダーク（so in dark・夕暮態）となる（P80）。建築の完成に推測の期待が大きいと共感を誘導されて傑作となる。例えば、1960年にウィグナー（P169）は論文に数学と物理の間に溝があるとした。ウィトゲンシュタイン（1889 ～ 1951）は事実と物に置換した。デリダ（1930 ～ 2004）は1967年に言語構文性にと、さらに置換し「脱構築論」と発表、言語修辞性の戦略性を破壊し、「バイパス論」を発表、文学・アートに影響を与えた。ダブルパラドックスである。機器類は便利であるが管理費用を伴うものである。これらを意識しないと幻想で終わる。実現する選択の方法や論理は多様に現われた。最小作用の原理・

不確定性領域・最善はなく共通善の三要素に凝縮され、①グー・チョキ・パー。②論理の（図13.14）ベン図式（P83）。③上品とは人工淘汰でトーナメントのｎ－１＝優勝者。④複数の世界の理論と実例無数でも体験は只一つ、最短距離。⑤サイコロの確率は１/６などがある。自然現象、作用性、物理性となり、物体性＋心象性＝雰囲気となる。単独では在り得なく左右に支えられた自分は両親の努力に依存の効果だ。元素も３連体である。Ｐ・Ｔ・Ｏで多様に変わる。

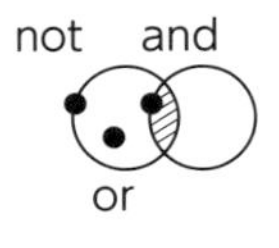

図13.14

人間は不完全で、研究の結果でも発見でもなく、仮定で社会一般の決り言語を大事、経験否定の傾向だ。漢字は中国から輸入の言語で音読の単語（男女）・学術用語（知識）・抽象的（運命）な単語が多く、日本で漢字を組合せ新語（油断）などは造語。外国語翻訳の（哲学）が作られた。漢語は二字が多く読みは同音語が多い（漢語・看護）。教養の抽象で難解とした。改たまった使用と「拝啓」は女性使用禁止。「物忘れ」・「失念」は同意、漢語が高尚。「宿屋」・「旅館」・現代は「ホテル」が高尚と舶来意識は現代でも文化の一様式だ。読む人の意識・教養・気分で差があり真意は固く難かしい、カタカナ語の表音語は広範囲であり加算され混乱する。建築・建物・構築体も同意で正誤なく、デザイン・印象・作為も見る人、造る人、使う人で差がある。言語の修辞と執着の境界は薄くなった。他方、「蝗」は稲の子でもピラミッドの「墓地窟」も示す。死後も石の食物で包み「永遠の生」を祈念した。墓石解説に現われる。十字架は型で素材拘り無い。胸に手で十字だ。

心・精神・魂と三種の神器となる。「美」と「名言」と「神」の替わりに何を置くべきか？となる。地球は物理的世界の中心ではない。世界中の人々は皆自分の利益を求め、他人の行動に反応し他人の行動を予想する。効率と機能を探り社会組織の最善方法と建築集団の都市は増加する。個人の意見、住居に生活中心を安定させてこそ可能であるからだ。メンデル（1822～1884）は優性は劣性を隠すと対立遺伝子を譲り受けて混ざるのではなく、別々の「単位」で起こると示した。現在、遺伝子はDNAの二重螺旋構造と知られている。凝縮し都市構成にも応用できる。映像で好みは判る詳細は別単位である。時間と距離の単位も別々であるがその隔壁は切離れない、建築も建てて築くとなる。狙いと目的とは異なるが切り離せない。無矛盾(並置もある)の追求で科学は発達した。また包み込めない多矛盾の存在も浮上した。まだ公認されないが消滅不能で天秤態様と判った。建築は無矛盾と多矛盾の間を往復し、21世紀は活用の時代で生存。生活のキャンプとなり、そこで誰でも「天性」を発揮し、クオリティ・オブ・ライフとなる。

自由だが「選ぶ術(すべ)を知ることだ」ひとつじゃない、ひらめきで進める。

おわりに

本書をお読みいただけたことを光栄に思います。

私が設計図を初めて見たのはある中学校、新築工事現場で、青写真の白線表示図は宮大工の家で育ったので理解できなかった。木造住宅はどれも同じ、2階建も屋根が少し変わる程度で教室位の広さの部屋を造る知識は無用だった。設計図という工作図は必要なく以前の建物の模倣であれば充分で、新しさを得る環境もなかった。現場監督に聞くと建築を教える学校に入れば覚えられると言う。以来、その延長線上で試行し資料を累積し、集成したのが本書である。

設計事務所を数十年続けたが実務は時間との戦いで思考吟味は僅か、ビジネスは効率優先となる。疑問を避け好みを扱う。時々浮上する方法も何故・如何にしてと共通の壁であり、知識の応用で解決した。従来の方法か新しい技法か二つに一つの選択となる。単純なのだ。具体的に平面的か、立体的かとなる。平面的とは思考主体の構想、立体的は行動を伴う。構想と行動の双態は最適であるが現実には難しく、記述で「らしく」済ますことが多い。逆にいえば多様性を修辞的に覆蓋できる、デスクプランと共通である。

建築技術を覚えると世界中で生きていける、別の事に魅力を感じたら変えることもできるが建築技術から変えた人は知らない。多くの人々に喜ばれるからだ。原始、空間を囲う方法に自信を持てたから森林から離れ、自由な空間に居を定め、実行した。現代も続いている、さらに未来へと連続する。年収は住む所で決まる、イノベーションと雇用が発生するからである。

一冊の本にまとめてくださった創英社／三省堂書店の水野浩志・高橋淳氏に心からの感謝を述べます。

2017年1月

土井棟治朗

参考文献

『ザ・サイエンス・ヴィジュアル　全16巻』（東京書籍、1993 〜 1995年）

イーヴァル・エクランド著『数学は最善世界の夢を見るか？』
南條郁子訳（みすず書房、2009年）

ジョン・W・クック、ハインリヒ・クローツ著『建築家との対話』
佐々木隆文訳（鹿島研究所出版会、1974年）

内藤廣著『構造デザイン講義』（王国社、2008年）

槇文彦著『記憶の形象』（筑摩書房、1992年）

日本建築学会編『空間体験』（井上書院　2000年）

ロバート・ヴェンチューリ著、伊藤公文訳『建築の多様性と対立性』（鹿島出版会、1982年）

C・H・シュトラッツ著、髙山洋吉訳補『写真で見る女体美』（有紀書房、1967年）

V・S・ジョンストン著、長谷川眞理子訳『人はなぜ感じるのか？』（日経BP社、2001年）

仲谷洋平・藤本浩一編著『美と造形の心理学』（北大路書房、1993年）

田中正人著・斎藤哲也編『哲学用語図鑑』（プレジデント社、2015年）

ダグ・リップ著、藤井留美訳『ディズニー大学』（アルファポリス、2014年）

三島由紀夫著『小説とは何か』（新潮社、1972年）

D・J・シャルクロス＋D・A・シクス著、斎藤勇監、板本仁訳『直感』（日本教文社、1997年）

イーフー・トウアン著、山本浩訳『空間の経験』（筑摩書房、1988年）

唐津一著『QCからの発想』（PHP研究所、1987年）

中山正和著『カンの構造』（中央公論社、1968年）

事項索引

あ 行

か 行

さ 行

た 行

な 行

は 行

ま 行

や 行

ら 行

数字・アルファベット

人名索引

あ行

か行

さ行

た行

な行

は行

ま 行

や 行

ら 行

■著者略歴

土井　棟治朗（どい　とうじろう）
一級建築士。
昭和8（1933）年生まれ
昭和33（1958）年日本大学理工学部建築学科卒業
昭和38（1963）年土井建築設計事務所創設
〔設計例〕
映画監督・岡本喜八邸（川崎市）
東京工科大学共同設計参加（八王子市）
新国立劇場設計競技参加（新宿区）

建築のときめき

2019年12月28日　初版発行

著者	土井　棟治朗
発行・発売	創英社／三省堂書店 〒101-0051　東京都千代田区神田神保町 1-1 Tel：03-3291-2295　Fax：03-3292-7687
制作	株式会社ゼロメガ
印刷／製本	日本印刷株式会社

ISBN 978-4-86659-058-5　C0052